城市品牌视觉形象设计：河北地域元素研究

李　雪　刘宝成 ◎ 著

吉林出版集团股份有限公司

图书在版编目（CIP）数据

城市品牌视觉形象设计 ： 河北地域元素研究 / 李雪，刘宝成著. — 长春 ： 吉林出版集团股份有限公司，2023.6

ISBN 978-7-5731-3362-5

Ⅰ. ①城… Ⅱ. ①李… ②刘… Ⅲ. ①城市管理－品牌战略－研究－河北 Ⅳ. ①F299.272.2

中国国家版本馆 CIP 数据核字（2023）第 101384 号

城市品牌视觉形象设计：河北地域元素研究

CHENGSHI PINPAI SHIJUE XINGXIANG SHEJI: HEBEI DIYU YUANSU YANJIU

著　　者　李　雪　刘宝成

责任编辑　曲珊珊

封面设计　林　吉

开　　本　787mm×1092mm　1/16

字　　数　238 千

印　　张　11.25

版　　次　2023 年 6 月第 1 版

印　　次　2024 年 1 月第 1 次印刷

出版发行　吉林出版集团股份有限公司

电　　话　总编办：010-63109269

发行部：010-63109269

印　　刷　廊坊市广阳区九洲印刷厂

ISBN 978-7-5731-3362-5　　定价：78.00 元

前言

随着全球城市化进程的推进，城市竞争已经取代国家竞争和产业竞争成为全球竞争的焦点，城市形象作为城市核心竞争力的重要资源性要素，也受到了越来越普遍的关注。城市品牌视觉形象是城市的无形资产，价值无限。良好的城市视觉形象对一个城市的招商引资、吸引人才、发展旅游业等方面，都有着巨大的影响。

成功的城市品牌视觉形象等同于城市的"金字招牌"，它可以向外界展示城市的独特魅力，有利于吸引投资者、旅游者、高端人才等目标人群，有利于城市的对外交流和国际化，使城市经济、文化、社会等各项事业持续发展，并带来巨大的经济效益，从而能够增强城市的核心竞争力。

本书从城市形象内涵和城市品牌内涵的概述入手，介绍了城市品牌识别系统，在此基础上，深入研究了视觉符号和城市文化、城市品牌视觉形象设计的关系，并对河北城市的地域特点进行了深入分析。

本书在写作过程中参考了一些专家与学者的成果，在此向有关资料的作者表示感谢。由于作者水平有限，疏漏和欠妥之处在所难免，恳请广大读者批评指正。

李雪　刘宝成

2023 年 3 月

目录

第一章 城市形象的内涵

城市形象是城市最大的无形资产。

建设和管理好城市形象，将对城市的现代化建设产生强大的推动力。良好的城市形象，可以提高整座城市的人文环境，提升市民的自豪感和认同感，更重要的是，其对发展旅游、招商引资、吸引人才、加快经济发展速度、提高城市地位和竞争力等方面，都有着至关重要的作用。

第一节 城市形象的概念

城市形象研究是以城市为对象，从人类感知和形态表象的角度，对城市进行研究的一门新兴学科。到目前为止，人们对它的关注程度还不足以使它成为一门真正独立且成熟的学科。更多时候，城市形象研究是作为城市学或形象学的一个分支和重要补充内容。尽管如此，随着中国城市化进程的快速推进，人们对城市形象的研究和关注，仍然迅速高涨起来。许多研究者提出了对城市形象的不同理解。

一、词源学意义上的城市形象

城市形象是“城市”和“形象”的有机结合与统一，是一个内涵极深、外延极广的概念。首先，我们来梳理相关词源学著作对“城市”和“形象”两个词语的表述。

关于“城市”，《现代汉语词典》[1] 的界定是“人口集中、工商业发达、居民以非农业人口为主的地区，通常是周围地区的政治、经济、文化中心”。

《中国大百科全书》[2] 的界定是“以一定的生产方式和生活方式把一定地域组织起来的居民点，是该地域或更大腹地的经济、政治和文化生活的中心”。

《简明不列颠百科全书》[3] 中的定义则是“城市是一个相对永久性的、高度组织起来的

[1] 中国社会科学院语言研究所词典编辑室编．现代汉语词典 [M]. 北京：商务印书馆，1996.
[2] 中国大百科全书出版社编辑部．中国大百科全书 教育 [M]. 北京：中国大百科全书出版社，1985.
[3] 中国大百科全书出版社《简明不列颠百科全书》编辑部译．简明不列颠百科全书 2[M]. 北京：中国大百科全书出版社，1985.

人口集中的地方，比城镇和村庄规模大，也更为重要”。

从这些定义来看，人们对“城市”的理解大体一致：大量的人口集聚；区别于农村的物质基础条件、经济活动方式和就业环境；具有政治、经济、文化等中心职能的地位等。可见，“城市”是人口高度集约、经济集约、科学文化集约的特定地域空间。

关于“形象”，《现代汉语词典》[1] 的界定是“能引起人的思想或感情活动的具体形状或姿态”。《辞源》的定义是事物的“形状相貌”，在文学艺术作品中，多指文学艺术区别于科学的一种反映现实的特殊手段，是具有一定思想内容和审美意义的、具体生动的对象。

从心理学的角度来看，形象就是人们通过视觉、听觉、触觉、味觉等各种感觉，在大脑中形成的关于某种事物的整体印象，简言之，是知觉，即各种感觉的再现。有一点认识非常重要，形象不是事物本身，而是人们对事物的感知，不同的人对同一事物的感知不会完全相同，因而其正确性受到人的意识和认知过程的影响。由于意识具有主观能动性，因此，事物在人们头脑中形成的不同形象会对人的行为产生不同的影响。

从词源考证的角度探讨，“形象”的基本含义是具体的“形”与抽象的“象”的对立统一。词源学上的“形象”主要有两种含义：一是客观存在的物态，它是具体的、有形的、可辨析的实体形象；二是主观而生的印象，它是抽象的、无形的、可变化的主体感受。

虽然相关词源学著作分别对“城市”和“形象”进行了定义，但对于整体的“城市形象”却并没有明确的说法，显示出人们对其含义还存在分歧。但是，无论如何，“城市形象”的概念必须始终包含城市的客观存在和内涵、人的主观认识和感受等核心要素。

📖 二、美学意义上的城市形象

一些学者从建筑规划和城市美学意义上界定“城市形象”，其中产生较大影响的当属美国学者凯文 · 林奇。他在 1960 年发表的《城市意象》（或译《城市的形象》，*The Image of the City*）一书，对城市形象及其组成要素进行了分析和研究。在其城市意象理论中，林奇将城市构成要素概括为道路、边界、区域、节点和地标五种类型。由此可见，他所谓的城市形象或城市意象是从城市建筑规划的意义上来定义的。其他学者，如奥姆斯特德（Olmsted）的城市美化思想，希望通过在城市中心区域建设大规模的绿化区和开敞空间，克服城市环境危机和改造城市形象；卡米诺 · 西特（Kamino Kit）的城市建设艺术理论将城市形象建构的关注点返回到欧洲古典时期的城市美学理论观点；勒 · 柯布西耶（Le Corbusier）的现代功能主义城市形象理论，主张用具有现代主义特征的路网系统和

[1] 中国社会科学院语言研究所词典编辑室编 . 现代汉语词典 [M]. 北京：商务印书馆，1996.

高层建筑对原有的城市形象进行彻底改造；弗兰克·劳埃德·赖特（Frank Lloyd Wright）的“广亩城市”理论提出在城市外围建立分散的住宅区和就业岗位，利用快速的交通网将这些区域联系起来，以改变城市过于密集混乱的状态。这些学者无一例外地都从城市形态和空间结构的角度思考和研究改造城市形象。他们的思想或多或少地体现在《雅典宪章》《马丘比丘宪章》《新都市主义宪章》等国际建筑界的共同纲领中，影响着城市形象特征的演变。因此，规划学或建筑美学意义上的城市形象，强调的是城市的外在美。

国内也有学者从建筑艺术和美学的视角来定义城市形象。

比如，王豪将城市形象定义为“城市中事物的表象特征和外部形态特点，包括了城市一切复杂多变的表象特征，以及透过这些表象所能感受到的特定精神内涵”。[1] 他把城市形象的研究重点归结为四点：城市形象元素及其组织关系、城市特定的形象体系、多样有序的城市环境、传统城市形象符号。与上述形象理论相比较，其城市形象的内涵界定稍有拓展，除了城市的“表象特征”，还有城市的“精神内涵”。

三、文化学意义上的城市形象

城市是人类文化的重要载体，同时又扮演着延续和发展文化的推进器的角色。从古至今，城市与文化便一直难分彼此、水乳交融。城市往往是人口、物资、信息等要素的汇聚，广泛吸纳了其他地域的文化，传递着文化的各种最新信息。在文化吐纳中形成的全新城市文化，散发出城市的独有魅力，使城市建立起一种复杂的外部形象特征。古今中外每一座伟大的城市，都因其独特的文化特征而形成自己鲜明的形象。“云里帝城双凤阙，雨中春树万人家”是盛唐时期长安的形象；“有三秋桂子，十里荷花”是南宋时期杭州的形象；《清明上河图》《东京梦华录》描绘的是北宋末期繁华的汴京；“十里帆樯依市立，万家灯火彻夜明”则是康雍乾嘉时期汉口的形象；卫城建筑、民主生活、悲剧艺术以及希腊哲学共同筑起了黄金时代的雅典城市形象；宏大的竞技场和水道、高贵而又残忍的罗马公民、所向无敌的帝国军人构成了奥古斯都时期的罗马形象；音乐和狂欢是梅特涅时代维也纳的真实写照；雾气沉沉的天空、泥泞的街道、一本正经的商人和衣冠楚楚的绅士则让人想起维多利亚时代的伦敦，等等。

与城市建筑、道路等静态的、物化的城市“硬件”相比，城市文化、精神等动态的、充满活力的“软件”构建，往往更能深入人的骨髓与血液，影响久远。斯巴达城邦时代的温泉

[1] 王豪著．城市形象概论 [M]. 长沙：湖南美术出版社，2008.

关早已湮没于历史风烟之中。但是，斯巴达勇士死战到底、保卫家园的英勇事迹及其文化遗产却流传千古，至今还不断有影视文学作品在演绎这种精神。“水光潋滟晴方好，山色空蒙雨亦奇”与“暖风熏得游人醉，直把杭州作汴州”两种杭州形象描写，哪一种更让人记忆深刻呢？没有白居易的唐诗、苏东坡的宋词、苏小小和白娘子的动人传说，西湖能让人如此念念不忘吗？

因为文化的巨大穿透力，一些学者主张，应从文化的角度来诠释城市形象的含义，认为它比其他城市形象要素具有更加突出的地位。城市在本质上是文化的产物，城市形象是城市文化的外部表现形式，透过城市形象特征，能够传达出人类文明程度的高低。这里虽然仍把城市形象理解为城市建筑、道路等客观物态，但是，已经是浸润了城市文化精神的灵动的城市外貌。张鸿雁提出了“城市文化资本”运作和“城市新行为文化主义”的概念，将“城市形象”作为“城市文化资本”最核心的具体运作对象，从城市文化角度，对城市形象建设进行了阐述。[1] 总体而言，文化学上的城市形象界定更多的是从城市文化个性对城市形象塑造的重要性上展开的。因此，在一定程度上，当城市以自己特有的方式把居民凝聚成一个文化统一体时（即卡斯特所谓的“文化整合”），城市文化便成了城市形象的一个缩影。

四、传播学意义上的城市形象

虽然美学意义上的城市形象自城市诞生的那一刻就自然存在，但随着中国改革开放的不断深入，经济、社会转型和城市化速度加快，原来封闭的城市发展体系逐渐被打破，城市经济与社会发展在提速的同时，由于城市与城市、区域与区域之间的竞争日益激烈，以及人们对城市政治、经济、文化和生态质量的要求越来越高，城市发展的压力持续增大。为了顺应这种变化和要求，宣传和推广城市，塑造城市品牌，以实现城市经济与城市产品扩张，提升城市核心竞争力，城市形象逐渐被纳入到城市管理的议事日程和发展战略之中。20 世纪 80 年代初，西方企业形象设计理论传到了中国大陆，其产品营销的相关理论与方法也逐渐被引入城市管理之中。传播学意义上的城市形象由此诞生。进入 21 世纪，中国城市之间的品牌竞争更趋激烈，城市形象的塑造与传播热潮，使传播学意义上的城市形象界定逐渐成为主流观点。

传播学意义上的城市形象，强调像营销产品一样推广城市，强调通过建立城市理念识别系统、行为识别系统、视觉识别系统，完善城市形象体系，强调把外来的旅游者、投资

[1] 张鸿雁，李强主编．中国城市评论 第 3 辑 [M]. 南京：南京大学出版社，2006.

者及其他城市利益相关者当作市场上的顾客，重视他们的需求和评价，并以此为依据调整城市形象。

比如，刘易斯·芒福德（Lewis Mumford）在《城市发展史：起源、演变和前景》一书中写道："城市形象是人们对城市的主观印象，是由大众传媒、个人经历、人际传播、记忆以及环境等因素的共同作用而形成的。"[1]

城市形象是城市内外公众对城市总体的、抽象的、概念的认识和评价，是城市现实的一种理性再现，也是城市同公众进行信息交流、思想联络的工具，代表了一种由个人或集体的意向所支持的现实。城市形象是指能够激发人们思想感情活动的城市形态和特征，是城市内部与外部公众对城市内在实力、外显活力和发展前景的具体感知、总体看法和综合评价。

与规划学（美学）意义上的城市形象相比，传播学意义上的城市形象，更强调城市客观物态及其内涵对"市场受众"的吸引力。与文化学意义上的城市形象相比，传播学意义上的城市形象，则更强调城市的品牌传播和市场价值，而不是城市的文化品位和审美价值。

总结上述几种城市形象的研究视角，城市形象的定义实际上可以归结为三类：第一，客观物态说。认为城市形象是城市景观特色，是城市性质、结构和功能的表现形式，如自然地理环境、经济贸易水平、社会安全状况、建筑物景观、城市公共设施等；第二，内在精神说。认为城市形象是城市的文化精神，是城市重要的无形资产，如历史文化传统、法律制度、政府治理模式、市民价值信仰、生活质量和行为方式等；第三，主观印象说。认为城市形象是社会公众对某一座城市的主观印象和感受，如王莉认为，城市形象是指人们在一定条件下，对某一座城市实力、活力、特色、前景的总体印象或综合评价。构成城市形象的要素。主要包括城市的内在精神和外在实存两个方面。[2]

这些定义从不同角度和层面揭示出城市形象的内涵，但都不全面。如"客观物态说"揭示了城市形象的外在实存性，"内在精神说"强调了城市形象所蕴含的城市内在精神，二者分别从物质和精神层面关注了城市形象的客体性，但是又忽视了城市形象的主体感受性。"主观印象说"强调了城市形象的主体感受性，同时，在一定程度上兼顾了城市形象的客体性。但是，在实践中容易陷入过于注重"市场"和"顾客"需求，忽视市民主观感受，过度追求城市扩张，简单化制造城市"视觉盛宴"，习惯集中式、运动式的城市形象宣

[1] （美）刘易斯·芒福德．城市发展史 起源、演变和前景 [M]. 倪文彦，宋俊岭译．北京：中国建筑工业出版社，1989.

[2] 王莉．论城市形象的内涵及构成 [J]. 长沙大学学报 ,2011(6): 44–45.

传攻势，缺乏长期战略规划，热衷模仿，不善创造，造成千城一面、缺乏个性的传播误区。

科学的城市形象概念应充分考虑城市的客观物态、内在精神及公众感受，从城市发展变化及市民感受等几个方面来进行界定。按照这几点要求，笔者认为，城市形象是指城市物质景观、基础设施、经济发展、社会面貌、治理状况、历史文化等城市基本要素的符号化和社会公众及相关机构依据其对城市以上基本要素的了解和理解，形成的对该城市的总体印象或综合评价。城市形象兼具主观性和客观性。作为传播内容的城市形象更强调客观实存，作为传播目标的城市形象更强调主观评价。客观实存的城市形象并不简单等同于城市的基本要素，其是一系列基本要素的符号化。美国大众传播学者法本（Don Fabun）曾经说过，“我们借着符号生活，我们透过它们生活，符号是人们出于想传播的动机而创造出来的”。因此，符号化的城市基本要素已经超越了其原有的含义，具有了特定的物质和精神意义。主观性的城市形象则强调了个体因了解和理解的差异而产生的不同印象和感受，也在一定意义上显示了城市形象传播的重要性。

五、城市形象载体的认知

现在，越来越多的城市意识到城市形象的重要性。为提升城市形象所使用的策略通常有双重性：既强调物质性，比如，建筑、事件等；又强调非物质性，比如，故事、口号、徽标等。城市希望借此来区分自己和竞争对手，吸引公众。

英国社会学家约翰·厄里（John Urry）提出一个理论：旅游就是去异地寻找一种我们通常在家中或工作的地方所没有的视觉体验。游客主要的活动是“凝视标记”，他们会看一个地方的独特之处，像著名大教堂、美丽的景观、名人的故居或其他吸引物。以上海为例，大多数游客想看东方明珠塔、外滩。作为游客，我们通常比当地居民更想要看该地区的独特事物。那么，什么样的城市形象能为摄影作品、城市品牌和旅游锦上添花呢？事实上，城市中任何特殊的东西都能够吸引公众。最受欢迎的凝视物往往在规模、意义和体验方面是不同的，这也就解释了为什么天安门广场、帝国大厦（美国）等都成了“公众磁体”。从学术角度而言，城市形象载体主要有三类：建成环境、标志性事件和著名人物。

公众游览一个地方时，首先去凝视建成环境中的物体，主要是五个物理元素：路径、边缘、区域、节点、地标。正是因为它们相异的“形象性”——也就是城市某部分特别容易给人们留下深刻的心理印象，这座城市也就比其他城市更能够印刻在我们的脑海中。尤其是对于游客而言，边缘与地标充当着形象载体，因为它们可以轻易地被识别、认可和牢记。

公众同样也会凝视在一座城市举办的标志性活动。

有些活动每年都有，而有些则是一次性的活动。一座城市不仅能通过事件（例如，音乐节、艺术或体育活动）被识别，还可以通过活动的举办，来展现其计划、组织、协调、控制能力。

虽然标志性活动对当地经济发展的效益常常被高估，但是，其对当地形象的推广作用却是相当巨大的。广为人知的年度活动有柏林电影节、米兰时装周等。一次性活动对形象建立做出贡献的例子有 2010 年上海世界博览会。

游客们游览一座城市，也可能是因为他们将这座城市与名人联系在一起。例如，著名的作家、画家、音乐家或政治人物。通常，一个地方宣称自己与某位知名人士有着特殊的联系，这就是城市品牌化的结果。典型的案例有绍兴（鲁迅）、利物浦（披头士乐队）、巴塞罗那（高迪）。

在实践中，形象载体经常会重叠，城市可能拥有比上述三种更多的形象载体。一些城市由于其历史上的重要地位而出现在公众的想象中，西安、北京都是很好的例证。城市也可能因当地的经济而有一定的名望。

如果一座城市没有图片化的、风景化的元素，那么很难将其品牌化。与此同时，以往的一些知名城市形象，也会随着时间的发展而模糊，因为对于可凝视的、令人印象深刻的建筑景观或活动事件的投资已经过度。

城市形象是无形且抽象的，为了给人留下难忘的印象，把城市拥有的资源形象化、具体化是很有必要的。

对于城市的管理者来说，只有通过实质的、策略性的象征性行动把他们想要传播的城市叙述在城市的一个或有限数量的地点上形成视觉象征，才能提升城市的视觉质量。

第二节 城市形象的特征

随着人类和社会的发展，世界各城市对各种外部资源的竞争不断加剧，城市形象已从建设、管理阶段进化到品牌阶段。许多城市希望通过强化塑造特色“形象”来打造城市品牌，以提高城市知名度与综合竞争力。城市形象是城市的文化资本及城市品牌传播的可视载体、精神载体、宣传载体。成功的城市形象，能够很好地将城市的自然资源与人文建设、传统文化、新生文化有机结合起来。城市形象作为一个特定的概念，具有一系列特征。

一、整体性

正如美国城市学家凯文·林奇认为的，城市形象是多个印象的叠加。众多的城市形象定义，无一例外地都特别强调城市形象是人们对城市的总体印象和感受。虽然人们可能受自身了解所限或其他条件限制，对城市的印象只能局限在一个或几个方面（譬如外地旅游者通过城市旅游景点对城市形成的印象等），但是，这并不影响城市形象的综合性。

从内容看，城市形象包含城市发展的各个领域，涵盖了城市的物质文明、精神文明、政治文明和生态文明，并构成相互作用、相互依赖的有机整体。具体而言，城市形象包括城市政治、经济、文化、生态、市容市貌、市民素质、社会秩序、历史文化等方面。可以这样说，凡是能使人们产生印象和感受的有关一座城市的东西，都称得上是城市形象的基本要素。例如，城市色彩、建筑物、道路、交通、店面、旅游景点、生活设施、市民行为、政府作风、文化氛围、风土人情、方言、小吃、服饰等。以这些元素为基础，分别形成了政府形象、市民形象、环境形象等。在一定意义上，它们是城市亚形象，共同构成了整体性的城市形象。人们从北京的胡同和四合院、上海的里弄或石库门、武汉的里巷、成都的宽窄巷子，形成对东西南北不同城市建筑的独特印象；从北京烤鸭、上海生煎包、武汉热干面、成都火锅，形成对不同城市饮食文化的深刻感受，等等。不同的亚形象，最终综合成整体城市形象。

城市形象具有主体、客体、主客体关系三个维度。从主体维度分析，城市形象是人们对一座城市的主观印象和感受，是一种主观评价。从客体维度分析，人们对城市的评价是基于与城市相关的所有外在表现和内在特质，包括城市本身、政府及公职人员、城市企业，以及其他机构、城市居民等，因而城市形象具有客观性。随着社会交往的扩大和经济的发展，社会流动加快，城市之间的交流与竞争日益扩大，城市形象的主客体关系日趋复杂，不仅城市评价所依据的内容大大增加，而且城市形象的评价主体也越来越具有开放性，本市、本省、全国甚至国际上的人们都可能形成对一个城市的主观评价。而且在媒体十分发达的背景下，这种评价能以极快的速度在世界范围内传播并产生影响。因此，城市形象具有整体性特征。

二、差异性

城市数量成百上千，城市特征也千差万别。尽管在经济市场化和全球化的发展趋势下，中国城市在某些方面越来越表现出“趋同化”，但是，城市的大多数差异仍然客观存在。从不同的城市规模，到不同地理位置和自然禀赋，再到不同地域文化影响下的城市文化；从不同的行政级别，到不同的人口总量，再到不同的经济总量，城市的自然条件、历史文化、经济实力、发展战略、功能定位等千差万别。这些差异构成城市形象的基础。正是由于不尽相同的特征，每座城市的城市形象才有了差异和特色。城市形象的最大魅力来自与众不同。北京与天安门、上海与东方明珠广播电视塔、杭州与西湖、武汉与黄鹤楼，在人们的心目中早已难分彼此。“这一座”城市与“那一座”城市，因为各自的特色与差异产生吸引力，被人们轻易识别。因此，城市形象的差异性，首先是由城市自身的客观条件决定的。

“横看成岭侧成峰，远近高低各不同。”对于同一座城市，人们可能由于自身的差异和理解、分析问题的角度不同而形成不同的主观感受和评价，因而城市形象在不同人群中便产生出差异性。一样的城市，不一样的感觉。有人喜欢东湖的烟波浩渺、大气磅礴，有人则可能更喜欢西湖的小家碧玉、温婉可人；有人喜欢直来直去、热情似火的市民性情，有人则可能更喜欢含蓄委婉、沉静如水的市民风格。由于感受和评价主体的差异，因此，城市形象也有所差异。当然，城市形象的差异，可以通过适当的干预加以调整和修正。

总之，城市自身差别所导致的城市形象差异，使城市产生特色之美；评价主体差别所导致的城市形象差异，则使城市的管理者有可能通过各种努力，改善不利的负面城市形象，塑造和传播良好的正面城市形象。

三、主观性

城市形象虽然以城市具体生动的客观形态为基础，但是，终归是一种主观的感受和评价，因而具有主观性特征。

城市形象的主观性表现为两个方面：

一方面是城市形象的主观感受与传播。本地市民、流动人口、外来游客和投资者基于主观感受，对城市产生记忆，留下印象，并通过相互沟通、交流而产生传播效果。本地市民的主观感受影响其对城市管理者的认同态度，并由此产生不同效果。好的印象会激发市民对城市的认同感，增强凝聚力，并认同城市管理者的管理措施。不好的印象则会使市民反思城市管理者的得失，并可能要求城市管理者改变管理策略，提高管理水平。流动人口对城市的印象可能决定他是继续留在这里，还是远走他乡。曾经，高昂的房价、拥堵的交通、糟糕的空气、过大的压力使很多年轻人选择了“逃离北上广”，市面上还出现了《逃离北上广》系列丛书。但是，几年过去了，有些人又重新“逃回了北上广”，其中的原因是什么呢？显然是随时间流逝且受其他变量影响人做出的主观判断。在一定时间内，共同的境遇使人们对“北上广”等一线城市产生的相似的负面印象并迅速传播，形成一种思潮，影响到不特定的年轻人。一部分人返乡或回到二、三线城市之后，城市之间的落差和现实，又使他们怀念起一线城市的优越性，从而产生较之前截然不同的观点。外来游客和投资者由于自身条件和对城市了解程度的不同，也会对城市产生不同的感受和评价。

总之，不同的评价主体可能产生不同的城市形象，同一主体也可能在不同时间产生不同的城市形象。这充分体现出城市形象的主观性特征。

另一个方面是城市形象的主观塑造与传播。城市形象并非完全被动地取决于评价主体的单方意愿。城市形象虽然是以城市的自然条件、历史文化、经济实力、发展战略、功能定位等因素为基础，但是，城市管理者完全可以有选择性地“趋利避害”、淡化和回避城市资源中的短板，通过主观努力刻画和塑造积极有利的城市形象；与传统城市缓慢的自然发展不同，通过人为的大规模改造实现快速扩张，已经成为现代城市发展的基本特征。在快速城市化的过程中，很多城市在几年之间实现了城市面貌的“根本改观”。虽然城市化的快速发展饱受诟病，但是，城市管理者在形象塑造中的主观能动性却客观存在。城市形象还可以通过各种传播途径加以引导和改善。2012 年初，一场“汉骂”引起的风波把武汉推上了舆论的风口浪尖，对武汉城市形象造成了损害。随后，当地相关政府职能部门和媒体通过邀请专家、学者及广大市民参与讨论，积极引导这一舆论热点，成功地将一场“汉骂”风波转化为倡导“汉敬”文明用语、提升武汉市民素质的生动教育课。这场讨论吸引了数十万读者、网友参与，在全国产生广泛影响，使武汉城市形象转“危”为“机”。可见，城市形象可以通过主观努力加以塑造和引导。

四、标志性

作为对一座城市的综合评价和感受，城市形象因为不同的客观基础而表现出差异性。在这些差异中，有些差异较小，有些差异较大。但是，要使一座城市与其他城市看起来不一样，就必须有一种不可替代的差异性。这种差异性，就像产品的商标具有独特性一样，使人们容易识别，并产生对这座城市的美好联想，这就是城市形象的标志性特征。

标志性特征浓缩了一座城市的各种自然和人文资源，凝聚着城市资源的核心要素，突出了城市的比较优势。突出这个标志性特征的最好办法是设计一套城市视觉识别体系，既能体现城市的独特性，又能使人产生深刻印象。巴黎与凯旋门和埃菲尔铁塔、纽约与自由女神塑像、莫斯科与克里姆林宫、悉尼与歌剧院、北京与天安门和故宫、武汉与黄鹤楼，都是城市与城市标志建筑的“黄金搭档”，它们之间紧密的关联性，已经产生了广泛而恒久的影响。1955 年以后，因悉尼歌剧院这座造型奇特的建筑所带来的文化和经济效益，使得悉尼的城市形象得到极大提升，风头甚至远远盖过了堪培拉和墨尔本。

20 世纪，国内一些城市也开始搞了一些象征性城市标志，如评选市树、市花，竖立城市雕塑，谱写市歌，制作城市象征物和简单的徽标等。像大连的足球、深圳的拓荒牛、武汉的梅花、洛阳的牡丹花等。当时，由于人们对城市形象的认识还不全面，所以往往简单地从城市地理、体育、政治等方面思考城市标志，结果是全国一窝蜂地评选市树、市花、市歌，有的地方甚至还设计了市徽、市旗。1997 年 11 月，中共中央办公厅、国务院办公厅发布了《关于禁止自行制作和使用地方旗、徽的通知》，各地的市树、市花、市歌虽然不在禁止之列，但是，由于其不能完整诠释城市的精神内涵和文化特质，无法承载城市的功能定位和发展战略，不能体现市场竞争的比较优势，因此，渐渐被束之高阁，甚至销声匿迹。进入 21 世纪，出于更加便利地传播城市形象的需要，国内很多城市开始积极制定城市形象标志，力图以简单、明了、生动的视觉方式，向人们传达统一的城市印象与感受，提升城市价值和吸引力。如 2011 年 3 月，深圳面向全球征集城市形象标志。目前，上海、深圳、成都、杭州、重庆、大连、青岛、济南、贵阳、长沙、威海、锦州、宜宾、赣州、赤峰、张家港、湘乡、汨罗等几十座城市制定了自己的城市标志（城市 LOGO）。其中，直辖市、省会城市、地级市、县级市全部涵盖。虽然一些城市标志并未能诠释出城市的核心形象价值，一些城市制定的也仅仅是城市旅游标志，但这毕竟反映出了该城市某一方面的独特性。如今，越来越多的城市加入到征集和制定城市标志的行列。这表明，城市的管理者们越来越认识到城市形象标志的重要性。

五、公益性

城市是人类生存和发展的重要载体，积聚了人类文明的各种成果，传达着特定国家和民族的文化特征与人文风貌。城市形象作为人们对城市的主观感受和评价，实际上包含着人们对城市发展现状的评价和对未来发展前景的期许。城市形象作为城市的无形资产，其优劣直接或间接地与生活在这座城市中的不特定市民的切身利益息息相关。

首先，城市建筑规划、道路、交通、就业、住房、医疗、教育、人口、公共安全、收入水平、环境状况等是决定城市形象的基础要素，直接影响市民的感受和幸福指数。在城市化的浪潮下，即使是偏居一隅的小城市也面临着“现代城市病”的困扰，如城市建筑的趋同化、城市人口的过度膨胀、城市交通的拥堵、城市环境污染的加剧、城市传统文化的迷失、城市风险的日趋增加等，这些困扰影响到千家万户。解决这些问题、改善城市形象，绝不是若干市民就可以办到的，必须通过城市管理者的主导和努力。城市形象改善的利好，必定是惠及广大市民的。

法国巴黎和英国伦敦是世界知名城市，但又都受到移民问题的困扰。2005 年和 2011 年，巴黎郊区和伦敦分别发生严重骚乱事件，两座城市的形象严重受损。英国《太阳报》悲伤地写道：“在伦敦奥运会即将在一年内开幕的时间里，我们的名誉在这个最糟糕的时刻受到了严重的破坏”，“这是绝对的混乱状态，它对生命和财产来说是严重的威胁。”这个报道指出了伦敦民众在城市形象灾难中同时受到了利益损害和威胁。

其次，从经济层面考量，好的城市形象可以增强本地区的发展活力和竞争优势，提高本地区的知名度和美誉度，提高城市对资金、人才、技术的吸引力，促进城市经济社会协调发展。在经济总量和可用财力增加的基础上，城市政府可以更好地解决城市发展中的一些矛盾和问题，提高市民的福利水平。例如，增加对公共交通、地铁的财政补贴，降低票价；加大对教育、医疗、养老、住房等民生问题的财政补贴力度；提高对城市弱势群体的补助水平等。反之，不好的城市形象会降低对外来资金、人才的吸引力，最终累及市民利益。例如，一些城市因为缺少产业支撑导致产业呈现衰退状态且逐渐出现“空心化”现象，人口流失，城市缺乏活力。

最后，通过对城市历史和人文的挖掘、整理与保护、传承，形成具有地域文化特色、符合居民生活和审美需求、体现城市独特性的精神形态和物质形态的城市形象。城市的这种形象可刻画城市个性、弘扬城市精神、传播城市文化、陶冶市民情操，既体现城市的差异之美和文化之魅，又激发人们对城市的认同之感和亲近之情。市民既是城市形象的客体，也是城市形象的主体；既是城市形象的评价者，也是城市形象的感受者。因此，城市形象就像指引城市发展的灯塔，照耀全城，是全体市民共同受益的公共财富。

城市形象与市民，一荣俱荣，一损俱损。好的城市形象有利于城市经济、社会与文化健康、协调、可持续发展，也有利于增进市民的福祉。城市形象一旦受损，城市和市民将共同受过。正是由于城市形象的公益性，城市管理者、市民、企业等相关利益方，必须共同对它加以呵护。

六、可塑性

城市形象涵盖的内容丰富而复杂，无论是外在的客观物质形态，还是内在的文化意蕴，在城市的发展过程中，都不是一成不变的。在历史的长河中，城市内容和功能的点滴变化都离不开人的活动，集中反映了人类改造自然的成果。在城市的自然发展阶段，城市形象的人为塑造相对较少；而在现代城市发展阶段，人们对城市形象的改造与日俱增，超过了历史上的所有时期。在当代中国，无论城市形象是差异化，还是趋同化，都与人类对城市的刻意塑造密切相关。

作为客观物态的城市形象元素，城市的建筑、道路、边界、节点、标志物、空间及其组合关系、城市色彩等，无一例外地都打上了人类创造活动的烙印。从秦汉之渔阳、魏晋隋唐之幽州、辽之南京、金之中都、元之大都、明清之北京，到民国的北平、现在的北京，北京的城市面貌在一代又一代城市管理者手中发生了天翻地覆的变化。伴随着这种变化，不同历史条件下的人的活动，创造出形态各异的文化财富，并逐渐与城市的建筑等客观物态结合在一起，形成蔚为大观的文化形态，成为城市的文化之根和特定精神内涵。因此，可以这样说，城市是人类创造性活动的产物，立足于城市发展基础之上的城市形象，当然也离不开人类的塑造之功。

事实上，城市的每一个组成部分都能反映城市面貌，都能代表城市形象。现代城市管理者出于提高城市竞争力的目的，往往根据现实需要，有选择地对体现城市形象的各种元素进行取舍，并通过各种形式，对城市进行包装和美化。比如，征集城市形象标志、城市旅游宣传口号，提炼城市精神等。至今，已有近百座城市提炼出自己的城市精神，有的城市精神甚至已经有了多种版本。例如，“爱国、创新、包容、厚德”的北京精神、“海纳百川、追求卓越、开明睿智、大气谦和”的上海精神、“敢为人先、追求卓越”的武汉精神等。国外很多著名城市也推出自己的城市精神，如，“高度的融合力、卓越的创造力、强大的竞争力、非凡的应变力”的纽约城市精神、“独立民主、敬业乐群、仁爱礼让、廉洁奉公、勤俭刻苦、坚毅不屈、乐观进取”的新加坡城市精神，还有东京的“博爱的都市合作精神”、伦敦的“历史与现实的和谐统一、人和自然的和谐统一、坚强不屈的抗争精神”等。城市形象是个可塑品。通过努力，不仅可以化解城市形象危机，而且能够创造城市发展的契机。

此外，城市形象还具有层次性和长期性的特点。城市的建筑、道路等反映出城市的直观面貌和视觉印象，城市公共管理效率和市民行为反映出城市的行为印象，城市的文化内涵和精神特质则反映出城市的软实力和文明程度。从视觉到行为到理念，人们对城市的印象由表及里、由浅入深，表现出明显的层次性。浅者易改，深则难于更张。因此，城市形象的塑造和传播，绝不可以完全无视城市实际情况和城市发展规律，良好的城市形象必然需要长期的塑造并遵循传播规律。

第三节　城市形象的功能

虽然传播学意义上的城市形象早已进入人们的研究视野，但是直到 19 世纪后半叶，随着生产力水平的提高和经济一体化程度的加深，才逐渐被人们所重视。20 世纪 90 年代以后，随着西方城市营销理念的推广，国内各个城市对提升城市形象的热情史无前例地高涨起来。实际上,城市形象确实具有一些重要的功能。

一、凝聚和整合

人类历史发展的总趋势就是城市化，人的生存乃至全部生活方式，逐渐向以城市为中心的特定区域聚集。在这个过程中，城市在物质上发展得越来越多、空间上发展得越来越大，并以特定的城市精神凝聚起居住在城市中的市民的忠诚度和荣誉感。这是一种文化意义上的城市形象。

雅典“黄金时代”的执政官伯里克利（Pericles）有一篇用城市精神和城市形象来激发公民自豪感的著名演讲。他在演讲中讲道：“我们的政体是其他国家的楷模，而且是雅典的独创……当我们的工作完毕的时候，我们可以享受各种娱乐，以提高我们的精神。整个一年之中，有各种定期赛会和祭祀；在我们的家庭中，我们有华丽而风雅的设备，每天怡娱心目，使我们忘记了我们的忧虑。我们的城邦这样伟大，它使全世界各地一切好的东西都充分地带给我们……我们并不十分依靠战备和谋略，我们信赖我们与生俱来的促使我们付诸行动的爱国热忱……这就是这些人为它慷慨而战、慷慨而死的一个城邦，因为他们只要想到丧失了这个城邦，就不寒而栗。很自然地，我们这些生于他们之后的人，每个人都应当忍受一切痛苦，为它服务。”[1]

正是由于城邦公民的团结协力，雅典才迎来了“黄金时代”。在近代以前，像“黄金时代”的雅典这样使公民感到自豪的城市还有很多，它们依靠城市形象形成的凝聚力，创造了城市的繁华和伟大。

不同于传统城市，现代城市是一个开放系统，它既对内吸收资金、信息、技术、人才等要素，也对外输出各种要素。在城市竞争日益激烈的时代，城市之间比拼实力，主要取决于城市吸收各种要素和释放城市影响力的能力。通过塑造良好的形象，树立共同的目标，提炼共同的精神，可以最大限度地实现一个城市的内部整合，使城市更有感召力和凝聚力。

对于普通市民来说，再宏大的经济社会发展雄心，再具体的经济社会发展指标，都与他们的日常生活离得太远，反而一个形象生动的城市标志、一句韵味十足的城市精神表述语、一条激动人心的城市宣传语，更能够激发他们作为城市主人翁的责任心和自豪感，也更能鼓励他们积极参与城市形象的建设与维护，为城市的经济发展和社会进步做出贡献。

近几年，国内一些城市大张旗鼓地面向全省、全国甚至全球征集城市精神表述语、城市标志、旅游宣传语，虽然很多地方最后宣称并未能征集到中意的作品，但是，一些城市似乎乐此不疲。其原因何在呢？其实，醉翁之意不在酒。征集活动虽然面向全国、全球，但是城市管理者借助本地传媒做足了文章，一次征集活动往往发动和吸引了几十万、上百万的市民参与。比如，北京城市精神征集活动吸引了 290 多万群众投票评选。实际上，通过发动市民参与征集活动，能起到凝聚市民智慧、整合市民力量、激发市民热情的作用，这正是城市形象凝聚和整合功能的生动体现。

二、传播和识别

世界旅游理事会秘书长李普曼认为，城市形象将决定旅游业的发展，而旅游业又直接与城市经济发展产生联系。城市形象的这种促进作用，正是其传播和识别功能的体现。

城市形象的识别功能源于其差异性。虽然快速城市化使人们发出了城市趋同和千城一面的慨叹，但是，世界上绝没有两座完全相同的城市，一座城市总是会在某一个或几个方面表现出与另一座城市截然不同的独特性。这种独特性使城市产生独特的魅力，吸引着外部公众。人们经常说，旅游就是外地人到本地人看厌了的地方来观光。因此，城

[1] 修昔底德．伯罗奔尼撒战争史 [M]. 谢德风译．北京：商务印书馆，1960.

市形象最重要的意义就是发现和渲染城市的差异性和独特性。

城市形象还具有对外传播的作用。对一座城市而言，城市形象既可能通过旅游者、投资者的人际关系实现被动传播，也可以通过城市各方的努力进行多途径的主动传播。由于被动传播的不可控性，城市管理者更加重视主动传播。被动传播可能产生两个层面的传播效应：压力效应和动力效应。不利的城市形象会对城市管理者和市民产生一定压力，并有可能转化为改善城市形象的动力。

主动传播通过对城市客观物态和文化内涵加以选择地烘托、渲染，可以产生两个层面的传播效应：吸引力效应和竞争力效应。

通过城市形象传播，可以充分展示城市发展，让外界了解该城市，促进城市对外开放，加深与国内外其他城市和地区的合作与交流，获得大量资源、信息、资本、人才、技术和市场，增强城市的吸引力，并在此基础上，提高城市在市场经济中的竞争能力。

第二章 城市品牌概述

第一节　城市品牌的概念及评价标准

城市品牌是城市有目的地作用于受众的精神、心理层面的所有方法、手段的整合不知所云。塑造城市品牌的丰富内涵，意味着需要将城市的品牌定位、品牌核心价值贯彻到城市建设与发展的方方面面。

市政建设、基础设施建设、市容市貌管理、环境保护措施、旅游产业发展、城市文化树立、支柱产业和名优企业培育等等，都需要城市品牌战略的指导，需要通过城市最高管理层对资源进行整合、对部门进行协调。毋庸置疑，随着城市间竞争的日益激烈，塑造城市品牌必将成为我国城市可持续发展的关键。

一、城市品牌的概念

正如人们对品牌的理解千差万别一样，实践界和学术界对城市品牌的认识也是仁者见仁，智者见智。

所谓城市品牌，是指城市建设者分析、提炼、整合所属城市具有的独特的（地理、人造自然）要素禀赋、历史文化沉淀、产业优势等差异化品牌要素，向城市利益相关者提供持续的、值得信赖的、有关联的个性化承诺，以提高城市利益相关者对城市的认同效应和满意度，增强城市的聚集效应、规模效应和辐射效应。城市品牌是城市管理者需要悉心经营和培育的最重要的无形资产，它所带来的持久品牌价值和品牌力，将创造出远高于资本成本的收益，并给这座城市和利益相关者带来无限的发展机会。

从城市品牌的概念上看，城市品牌塑造的目标就是要建立与利益相关者群体间的和谐关系，使良好的城市形象根植于利益相关者的想法和内心中。但是，要实现这个目标必须依赖于城市环境的改善、支持性品牌的培育和特色资源的充分发掘。

城市品牌的形成主要包括以下四个组成要素：利益相关者间良好的关系，良好的城市环境系统，有著名产业、企业、个人和景点等支持性品牌，开发与利用富有特色的城市资源。这四个方面既涵盖了城市建设与发展的所有方面，也为城市建设提出了具体目标和要求。

城市品牌是城市各级政府部门、各级组织部门和广大市民一道，通过城市软件环境建设、城市硬件环境建设、城市内部品牌塑造，以及城市整合传播与宣传等，作用于城市居民、求学者、消费者、游客、内外部投资者、经济学家、上级政府官员、工作者、城市竞争与合作者，以及外部观者等利益相关者，使他们对城市产生满意感和愉悦感，从而逐步树立起城市美誉度，城市品牌由此得以形成。

二、城市品牌的实质

“品牌”作为城市核心竞争力的集中体现，也可以看作是一种系统，即“城市品牌系统”。它是一个由城市品牌与全体受众（即利益相关者，比如，市民、政府机构工作人员、投资者、游客、上级部门、工作者、周边城市、外部观者等）、城市品牌与城市内部品牌（比如，知名产业品牌、知名企业或组织品牌、著名人物品牌、城市景点品牌等）、城市品牌与城市资源（比如，城市历史与现状、地理位置、气候等），以及城市品牌与城市环境（比如，城市政策法律环境、经济与商业环境、社会与文化环境、技术环境和自然生态环境等）等构成的关系系统。因此，城市品牌塑造是一项庞大的系统工程，涉及政治、经济、社会、环境等诸多方面，而各个因素又都包含若干子系统，需要系统规划。

城市品牌的“名牌效应”实质就是使城市的利益相关者在选择城市投资、旅游、居住、工作或学习时，对著名城市更偏爱、更感兴趣，吸引越来越多的人前来定居，使人们产生愉悦感、信赖感、可靠感和安全感。城市地位一旦在人们心中确立，就能够保持长久的相对的稳定性。人们对名牌城市的关注、信任与忠诚感，是社会公众普遍存在的一种心理现象。

城市品牌的塑造过程一般要经历城市品牌定位→城市品牌知名度提升→城市品牌美誉度提升→著名城市品牌塑造的全过程。一个真正的城市品牌应该是一座城市的整体努力，是从所有利益相关者关系的培育、内部品牌的塑造、城市资源的开发和城市环境的系统整治等全方位出发的事业，绝非仅仅停留在“城市营销”“城市形象”等层面上。当我们进行城市品牌决策时，必须要从一个更加宏观的角度来考虑问题，即需要将城市品牌定位、品牌核心价值等贯彻到城市建设与发展的方方面面。可以说，城市品牌的美誉度和知名度的提升过程，实际上就是一座城市全面发展的过程，即城市的全面发展推动城市品牌度的提升。反过来，城市品牌度的提升又会促进和带动城市各项事业的全面发展，二者相辅相成。

三、城市品牌形象的塑造原则

（一）调查分析

一个城市所确定的城市品牌形象，必须符合自身的实际情况。所以，真实性原则是城市品牌形象定位的首要原则。我们可以通过网络及线下调研，在如何塑造城市形象上征求、听取各方的建议（公众对城市的意见、城市的管理者对城市的评价、本城市的特色环境和建筑是什么，代表名人及众所周知的历史故事有哪些），并且这个过程应该是透明的、开放的。分析调研数据，获取真实、准确的城市形象相关信息，将对城市形象的代表性、独特性有更深、更透彻的理解。

（二）属性定位

人的指纹都各不相同，也不可能有相同的城市。一座城市的品牌定位必须要有独特性。否则，这种城市品牌定位就失去了意义。但凡知名城市都会具有独特的精神，具有一些独树一帜、令人难忘的鲜明特质。香港“动感之都”、海口“娱乐之都”、成都“美食之都”等，这些城市分别展现了其特殊的环境特点及人文特点，凸显了城市形象的个性，使人印象深刻、过目不忘。因此，任何一座城市首先要根据各自独有的城市形象特征对城市属性进行定位。城市品牌属性定位的原则：确定它在公众中的印象，以及它应该朝什么方向发展。

（三）建筑识别

时间积淀形成的标志性城市建筑是一个城市品牌形象最重要的形象载体和识别元素。这些具有深厚历史背景和文化内涵的建筑见证着城市的成长历程。由于公众对城市的印象和感悟不同，所以，公众心目中的标志性建筑也不尽相同。在标志性建筑的识别确立上，要寻找到“认同感”，同时要注重建筑本身形成的“历史感”“地方特色”“国际化标签”，不能根据建筑本身的体量和科技含量来衡量、确立。基于此，才会形成一种城市对外形象传播的统一标准。

（四）色彩利用

法国现代著名色彩学家让·菲力普·朗科罗认为："每一个国家，每一座城市或乡村都有自己的色彩，而这些色彩对一个国家和文化的建立作出了强有力的贡献。"所以，为了能够使城市的色彩更具识别性，要注重构建城市的主体色、辅助色和点缀色。一般来说，主体色占到城市色彩的75%，辅助色占到20%，点缀色占到5%，才能形成稳定、整体的色彩关系。色彩设定的基本原则与形式美的原则一致，即色彩的对比与协调。城市色彩既要寻求平衡与统一，又要体现矛盾与对比。

在实际应用中，要灵活运用色彩的基本原理，充分考虑色彩的面积、形状、位置等因素对色彩设定的影响。在此基础上，还要考虑色彩与地域环境的协调性，充分利用本地的地域资源提炼出色彩倾向性，打造有特色的城市品牌形象。方法上建议将城市建筑景观依据建设历史的长短划分到新老城区。根据新老城区的不同功能、不同景观、不同文化氛围，形成明确的色彩识别特征。

（五）图形化表现

提取城市的民俗之美、艺术之美、自然之美、景观之美等显性形象，进行视觉形象的图形符号化的高度概括，并将其运用到城市形象视觉识别系统中。挖掘隐性人文文化、历史文化，使其成为城市特色化故事。建立具有独特性、代表性的视觉品牌，符合城市的文化属性。

设计原则：

（1）用抽象现代感的设计元素来展现城市独特形象。

（2）城市形象视觉系统要体现地域文化特色，要符合国际流行趋势与标准，即地方传统文化要与国际文化的接壤，从而得到市民的广泛认同和中外游客的理解。

（六）事件营造

城市品牌形象塑造的一大利器便是进行事件营造。具有鲜明的主题、能够引起轰动效应的营销活动，或是那些单一及系列营销活动，精心策划后，不仅具有较大的新闻价值，而且能够更加有效地实现城市品牌形象塑造目标。

当然，营造城市品牌形象的事件，未必都是像世界博览会、奥运会这样的大型活动，组织一次区域性的商业洽谈会，主办城市将硬实力和软实力充分体现出来，也会对城市品牌形象塑造起到积极作用。

城市品牌形象的塑造对于一座城市的发展来说，有着极其重要的作用，因为城市品牌形象是城市品牌化的最终体现。优秀的城市品牌形象，既是城市之间竞争力的重要体现，又是城市巨大的无形财富。然而，城市品牌形象的塑造并非一朝一夕就能完成。在城市品牌形象的构建与探索中，只有以品牌核心价值定位为根本，结合环境、标志性事件和著名人物等城市的自身要素，才能不断地塑造品牌文化。从城市自身来看，想要提升城市文化品位，增加城市的旅游附加值，并在激烈的市场竞争中抢占更多的市场资源，提高城市综合竞争力，那么，塑造良好的、差异性的城市品牌形象是必然的。因为只有当品牌形象深入公众的内心，该城市才更具有文化资本价值。从公众的角度来看，在诸多的竞争城市中，优秀的城市品牌形象更容易脱颖而出，因为减少了公众搜寻城市形象信息的时间，从而增加了公众对品牌的忠诚度。如何实现优秀的城市品牌形象到无形资产的转换，促进城市科学持续的发展，发挥自身的独特个性与核心价值力量，将是城市管理者和城市品牌研究者需要关注的问题。

四、城市品牌的评价标准

整体和谐是城市品牌的基础。传统城市的目标是以经济建设为主导。现在，随着科学发展观、和谐社会、利益相关者、平衡记分卡、和谐管理等理论的相继提出和推行，城市的目标开始扩展为两大类，即好的经济和好的社会。城市的目标应该是在追求好的经济、好的社会和好的政治体制之间寻求平衡，因为它们之间的关系往往是相互牵制和交替变换的。

激励性要素指标是指能对城市利益相关者带来积极态度、认同感、满意感和激励作用的因素指标。保健性要素指标是指能使城市利益相关者对城市感到不满意，从而产生不良城市形象认识和反应的要素指标。如CCTV城市中国组委会确定了活力城市最主要的评选标准，包括12项客观指标和12项主观指标。

具体指标分述如下：

客观评价指标，①包括当年人均GDP及三年平均增长率；②当年人均财政收入及三年平均增长率；③当年人均可支配收入及三年平均增长率；④当年规模企业利润总额及三年平均增长率；⑤当年工业企业数量及增长率；⑥当年出口额；⑦当年实际利用外资率；⑧社会类暂住人口与常住人口的比例；⑨科教文卫事业费在GDP中所占比例及三年平均增长水平；⑩当年社会保障率；⑪ 可持续类当年三废达标率；⑫ 人均绿地面积。

主观评价指标，①包括城市的开放程度；②城市的富裕程度；③城市未来的成长空间；④城市的知名度、美誉度；⑤城市在区域或某些经济领域的中心地位；⑥城市在发展经济方面的引导和示范作用；⑦城市特色鲜明程度；⑧生活环境舒适程度；⑨保护与发展协调程度；⑩城市对人才的吸引力；⑪ 城市发展战略的前瞻性和科学性；⑫ 城市资源的可持续性。

CCTV城市中国组委会根据上述指标，从全国280个地级市中评选出20个提名城市，分别评出年度城市特别大奖、中国十大最具经济活力城市，以及“农民工满意奖”“企业家满意奖”“应急反应表现奖”“市民满意奖”四个单项奖。

第二节 城市品牌的影响因素

国外最先提出城市形象的是凯文 · 林奇，他在 1960 年就出版了专著《城市形态》，认为城市形象主要构成要素包括路、边、区、节点、标识等方面，并强调，城市形象是通过人的综合“感受”而获得的。

凯勒在 1997 年提出“一座城市可以被品牌化”的思想。他认为，城市品牌化的力量就是让人们了解和知道某一区域，并将某种形象和联想与这座城市的存在自然联系在一起，让它的精神融入城市的每一座建筑之中，让竞争与生命和这个城市共存。

由于城市品牌在我国还是一个新生事物，无论是在理论研究还是实践上，都存在不少误区。主要表现在：①把城市视觉形象当品牌来运作，城市品牌概念被虚拟化、空壳化；②城市品牌系统化、表现化不力；③城市品牌的理念和操作方式不明确；⑤城市品牌缺乏文化内涵等。[1]

也有学者和城市经营者认为，宣传城市就是建立城市品牌，名城就是城市品牌；城市形象工程就是建设城市品牌；城市战略规划就是城市品牌战略规划；城市品牌塑造是城市宣传部门的事情等。[2] 由于缺乏对城市品牌本质的深刻理解，导致城市品牌塑造仅停留在表面的宣传和外塑形象上。

实际上，城市品牌战略就是城市有目的地作用于受众的精神及其心理层面的所有方法、手段的整合，而社会、经济、自然等方面的城市环境建设，则在不同角度、不同层面实现城市的可持续发展，城市环境建设与城市品牌战略的紧密结合构成城市发展战略，形

[1] 方丽 . 城市品牌要素指标体系 [J]. 技术与市场 ,2005(5): 54-56.
[2] 孙雷 . 建设城市品牌 [J]. 品牌 ,2005(10) : 22-24).

成城市的核心竞争力。城市品牌塑造的丰富内涵，意味着需要将城市的品牌定位、核心价值贯彻到城市建设与发展的方方面面。市政建设、基础设施建设、市容市貌管理、环境保护措施、支柱产业和名优企业培育等，都需要城市品牌战略的指导，需要通过城市最高管理层对资源进行整合。

为此，本节将通过分析城市品牌塑造的主、客体因素及其对城市品牌塑造的影响，探讨主、客体要素间的互动关系，以揭示城市品牌塑造的本质，从而为城市品牌理论发展和塑造实践提供启发。

一、影响城市品牌塑造的主体要素分析

（一）满足投资、经商、赚钱机会的城市经济发展要素

城市经济发展要素主要包括开放程度、经济发展水平、赚钱机会、投资环境等，它表明城市经济发展和资源能在多大程度上对城市品牌塑造产生有力的支持；它说明城市经济的活力状况，反映了城市的资本增值能力。对于投资者（含从业人员）来说，城市品牌的影响力，很大程度上由它体现；它反映城市产业分布状况，为投资者的投资方向提供参考。城市经济发展要素主要体现在：城市经济发展政策、产业结构与产业发展战略等。

城市经济发展因素是任何城市政府进行城市品牌塑造必须做出选择的主体要素之一，即它需要城市政府根据城市特有的区位、资源、特色、已有基础等条件进行城市经济发展目标定位、产业结构选择与重点产业发展定位。一旦确定了产业定位，城市政府就应着力优化相关政策环境，使之对特定利益相关者有的强烈吸引力。城市经济发展水平，也反映了城市居民生活的富裕程度，是影响城市品牌形象的重要因素之一。

（二）满足城市居民学习、生活、工作的城市功能要素

城市功能环境要素主要包括各窗口单位的服务质量、居住环境、学习环境、工作环境、休闲环境、生活设施状况等。它反映市民安居乐业的程度和城市生活质量的总体水平。居住环境的质量如何，不仅直接影响城市人居环境，而且影响到居民对人居环境的主观满意程度，进而影响到城市的凝聚力；各窗口单位的服务质量，直接反映了城市的服务水平。城市功能性环境的质量直接影响城市居民、游客、短暂居住者等的满意度、愉悦性和舒适度。城市经济发展要素是城市品牌塑造的必要条件，它要求对城市中所有与居民生活、学习、工作相关的软、硬件环境进行建设，提升城市的整体功能。当然，也存在

一定程度的城市功能定位，需要城市进行选择。不同功能定位的城市其吸引的对象也是不同的，有的侧重吸引就业者和创业者，有的侧重吸引休闲旅游者，有的侧重吸引文人学士等。

（三）体现城市和谐、人文文化、精神风貌的城市文化要素

城市文化要素主要包括开拓精神、守信用、不排外、乐于助人、文明礼貌、讲卫生、团结奉献等。城市文化环境建设在于把握城市特色，谋求历史传统、地域文化、民族特色与现代化前景融合。城市文化环境的塑造，需要城市政府对城市文化要素进行系统的规划和设计。比如，城市特有的城市精神文化、城市物质与制度文化、城市行为文化（如市民言行规范等）。市民既是城市品牌建设的主要推动力量，也是城市人文形象的评价者和受益者。任何要塑造良好城市品牌形象的城市，都必须发动广大市民积极参与，在美化城市人文环境方面做出努力。

（四）体现城市科技教育水平和历史文化积淀的城市科教与历史要素

城市科教与历史要素主要包括城市科技发展、城市文化教育、城市历史与名胜古迹等方面。以北京、上海、武汉、西安、南京、成都为例，这些城市分布着许多著名学府，它们极大地支撑了这些城市科技产业的发展和城市科技竞争力的提高。有这方面优势的城市，在城市定位和城市品牌塑造方面，无疑拥有更多选择，因为这些很可能成为塑造和传播城市品牌形象的重要名片。城市历史和名胜古迹反映了一座城市的历史演变，这是城市本身改变不了的资源条件。不同城市有不同的历史资源，城市相关职能部门应在保存与修缮方面精心规划，促进城市旅游业发展，增强影响力。

（五）体现政府执政水平和公务员形象的城市政治、法律环境要素

城市政治、法律环境要素主要包括政府机构的办事效率、开拓创新、严格执法、民主化、社会治安状况等。公务员可被看作城市品牌形象的集中代表，其素质表现是品牌形象的载体之一；政府担负着城市品牌塑造、规划、协调、控制等方面的职能，是整个系统中的掌舵者，其能力的高低，直接影响着城市品牌塑造的水平。任何旨在塑造城市品牌的城市政府，都必须加强城市政治、法律环境建设，提高政府部门的执政能力和服务水平，树立良好的形象。

（六）影响环境和交通的城市规划与自然环境要素

城市规划与自然环境要素主要包括城市规划、城市建筑与景观、市容市貌、空气、水质、交通方便程度等。它是城市品牌塑造的重要物质基础，又是城市形象建设成果的外在体现；它反映城市自然资源及人工对城市品牌塑造的贡献程度。优美的城市绿化、城市景观，以及便捷的交通是城市品牌塑造的重要硬件条件。

二、影响城市品牌塑造的客体要素分析

真正的城市品牌是存在于城市利益相关者的内心和想法当中。因此，影响城市品牌塑造的主体要素只有作用于内外部利益相关者，并使之产生满意、愉悦和舒适的感觉时才有效果。可以说，实现利益相关者产生满意、舒适和愉悦感觉的目的，是一座城市塑造品牌的全部，这也是城市品牌建设的立足点和归宿。评价城市品牌状况的唯一标准，就是利益相关者的体验和感知。因此，城市品牌建设必须首先从利益相关者体验、感知、态度与行为等客体要素出发，着手塑造、建设和优化城市主体要素，并辅以整合营销传播。

下面对城市品牌塑造过程中的受众要素（或"客体"要素）进行简要分析。

有学者把城市利益相关者称为受众，包括市民和观者（姜海等，2004）。但是，考虑到市民和观者的概念过于笼统，为了深入考察城市品牌的影响路径、价值需求、感知事件等，笔者对上述受众做进一步的细分。

城市品牌的受众要素是指受城市品牌塑造影响，且影响城市品牌塑造的所有城市利益相关者。它包括内部利益相关者和外部利益相关者。其中，城市内部利益相关者主要是指居住在城市里的人，比如，政府公务员、投资者、企业家、居住者、工作者、创业者和求学者等；城市外部利益相关者，又称外部观者。之所以称外部利益相关者，是因为他们或多或少地受到城市发展的直接、间接或潜在影响。根据其对城市的熟悉程度，可以分为外部观者 1 和外部观者 2。外部观者 1 是指曾在该城市居住、投资、工作、学习、旅游、探亲或访问过的外部利益相关者群体。外部观者 2 是指从未到过该城市的外部利益相关者群体，比如，周边城市及管理者、竞争城市及管理者、其他观者等。不同利益相关者对城市品牌形象的感知途径是不同的。

三、基于城市品牌塑造的主、客体要素间的互动关系

（一）城市品牌塑造的主体要素与客体要素间的互动关系及影响

由于不同利益相关者与城市之间的互动关系和紧密程度不同，它们对城市的价值需求、关注点和感知途径也会有所侧重。所谓“特定价值需求与期望”是指在利益相关者的心中，对城市环境要素最需要、最关注的部分。比如，普通居民最关注居住环境的舒适度、生活的便利性、城市安全、公正民主等，而投资者最关注的是良好的投资环境、赚钱机会等。

除此之外，所有利益相关者还都对城市绿化、交通、空气质量、水质、空间规划、人文环境、自然生态环境等要素有共同的需求或关注。这说明城市品牌发展从某种意义上讲，就是一个社会整体满意的体系。即使这样，也不能完全确保城市在利益相关者心中有卓越品牌形象。它还取决于该城市在利益相关者心中的优秀程度。

（二）城市环境建设与综合整治对利益相关者的影响

城市的综合环境整治，即政府结合城市实际所做的提升城市功能、优化环境的各种建设活动。利益相关者是否满意，不仅取决于城市自身的环境状况，还取决于利益相关者所感受到的其他城市的环境状况。塑造城市品牌的目的是要吸引利益相关者前来投资、旅游、定居、求学、工作、经商等，这就要求该城市必须具备一定的优势。

因此，一座城市在塑造品牌时，要进行有意识的宣传和传播，首先必须做好城市的综合环境整治和内部品牌培育，否则，传播就是空洞的，是“自吹自擂”，会让知情的利益相关者（如内部利益相关者）反感，对该城市产生负面印象，还有可能对当地政府产生不信任感，而且，城市品牌塑造也会脱离基础。

城市资源和城市环境对城市品牌或利益相关者感知的影响，主要表现在：一方面，资源和环境的独特性。独特的影响广泛的城市资源和环境，有可能转换或培育成为支撑城市品牌的内部品牌，即成为城市的标志和象征；另一方面，即使不能转换成为内部品牌，城市资源开发和环境整治也是绝对必要的，因为这是影响利益相关者的重要基础。只有把这些要素做好了、做实了，才能赢得利益相关者的青睐，提升满意度水平。这些环境要素包括城市经济环境、城市功能环境、城市文化环境、城市科教环境、政府形象、自然生态环境和交通环境等。即使该城市不能建设得比其他城市更好，但是，至少与其他城市相比，不至于落后太多或太差，否则，在利益相关者的内心中会“失分”，使之降低对该城市

的好感，损害城市形象。同时，这些环境要素建设好了，经过一段时间的改善、优化、宣传、积累，很有可能被贴上标签，成为该城市具有知名度的“名片”，从而进一步丰富和提升城市品牌形象。为此，城市环境整治必须本着“人性化、特色化、个性化”原则，从内部利益相关者和外部观者的需求和期望出发，结合城市实际和特点，对城市的社会文化环境、经济发展环境、商业经营环境、工作生活环境、政治法律环境、自然生态环境、规划与交通环境等要素进行全面、细致的综合治理和建设。

（三）城市内部品牌的来源、培育及其对利益相关者的影响

所谓城市内部品牌是指该城市所拥有的产品品牌、服务品牌、个人品牌、组织品牌（企业品牌、政府品牌、非营利性组织品牌）、文化品牌、产业品牌（矿藏品牌、旅游品牌、工业品牌、商业品牌、教育品牌等）、地理环境品牌、典故事迹品牌等。这些内部品牌具有极强的带动效应，能提升城市品牌的名气。

城市内部品牌来源于两个方面：

一是对城市中有潜力成为城市内部品牌的宏观环境、微观环境和资源要素，进行一段时间的培育和分化，伴随其知名度和美誉度的提升，它会被贴上城市标签，成为体现城市独特资源、环境、风土人情的城市内部品牌（又叫城市“名片”）。

二是直接从城市的优势资源、特色资源中选出的能代表城市的、有一定显示度的人、事、物，或能让外部利益相关者在把该城市与其他城市比较时，产生积极联想或感知，扩大城市知名度和美誉度的要素，都可作为城市内部品牌。一座城市的内部品牌越多、影响越广，就越能在利益相关者内心形成积极的感知和联想。为此，加强城市“名片”工程建设，应成为城市品牌塑造的重要步骤。所谓城市“名片”工程，就是在城市品牌定位基础上，通过对利益相关者感知的影响大小，选出能代表城市的服务品牌、个人品牌、组织品牌、文化品牌、产业品牌、商品品牌、地理环境品牌、典故事迹品牌等，然后集中优势资源加以重点培育，使之逐步发展成为支撑城市品牌的一张张“名片”。

可以说，城市内部品牌是最能代表这座城市，让内部利益相关者感到骄傲，并对其行为产生激励的东西。它也是城市品牌整合传播的重要内容之一。通过有效传播，更快、更好地在外部利益相关者内心建立起对这个城市的积极联想和感知。

城市内部品牌对利益相关者感知的影响和驱动机理，主要表现在两方面：

一是这些内部品牌具有极强的带动效应，能大幅提升城市品牌的知名度。比如，青岛的名气很大程度上受益于有名的“五朵金花”，即海信、海尔、青岛啤酒、双星、澳柯玛。

而绵阳作为“电子城”，很重要的原因是它有“长虹”这个著名企业，许多人也正是通过“长虹”了解、熟悉绵阳的。

二是利益相关者从城市内部品牌的消费体验中获得对城市的某种联想。许多外部利益相关者原本不熟悉该城市，但因为经常使用来自该城市的产品或服务，而对该城市产生兴趣和积极联想。因此，在塑造城市品牌过程中，除了将城市内部品牌培育成为能代表城市的“名片”外，还应发动有关行业组织、企事业单位共同制定规范企事业单位和工作人员的自律条例（如服务规范、诚信友好、模范遵守商业道德、积极履行社会责任等），提升产品质量和服务水准，使利益相关者乐意消费、乐意到该城市投资经商、乐意到该城市旅游，等等。

（四）城市品牌整合营销传播的主要内容及其对利益相关者感知的影响

整合传播是城市政府和各级部门有意识推销城市，树立城市形象的方法和手段，是连接城市、城市管理者和所有利益相关者的重要桥梁。其中，整合就是要统一宣传主题、整合传播渠道，带给利益相关者一个协调一致的形象；而传播就是把城市建设中有一定特色、优势和个性化的东西，通过媒体进行有意识宣传的过程，即城市品牌传播，就是把城市好的产品、项目、历史文化、企业、人民、有影响力的事件、投资环境、发展经济的潜力等“亮点”传播出去，使利益相关者对城市产生积极的感知。城市品牌整合营销传播的主要内容及其对利益相关者感知的影响，主要体现在以下两个方面：

1. 城市品牌对内传播

城市品牌对内传播的目标，就是将本市的发展方向、城市精神、价值观、行为规范、法规政策等传播给全体市民，以增强市民的认同感，促进市民对城市品牌建设的参与度。从社会参与角度讲，全体市民都是其所在城市的城市品牌传播主体。因此，强化对市民的宣传教育，努力提高全体市民的城市意识，唤起市民为建设自己的城市献计献策的积极性，是搞好城市品牌传播的基础性工作。对内传播的主要手段就是要充分发挥报刊、电台、电视台等主流新闻媒体的作用，加强对市民的文明教育。

2. 城市品牌对外传播

城市品牌对外传播的目标，就是使优秀人才、投资者、旅游者、外来者、中央政府或地方政府对城市形成从知名到完整认知、造就期望的联想，产生城市偏好，累积和强化城市品牌拉力，提升原有的品牌体验，进而达到塑造城市品牌的目标。对外传播主要是运用整合传播手段，综合性地采用大型活动、会议、展览、广告、公关、直销等方式。

（五）影响城市品牌塑造的客体要素间的互动关系及其影响

1. 内部利益相关者对外部利益相关者的影响

内部利益相关者是城市行为、城市文明的践行者。内部利益相关者的言行，既影响其他内部利益相关者对城市的满意度，同时也对外部利益相关者的体验和感知产生重要影响。

因此，从某种意义上讲，内部利益相关者既是城市品牌塑造的受众，又是城市品牌塑造的主体。为此，城市政府和各级组织部门，应加强城市文明公约、语言行为规范的宣传、教育、表彰，在城市中形成一种令人向往的文明、和谐的城市形象。

2. 外部利益相关者认知间的互动关系及影响

城市外部利益相关者，根据其对城市品牌形象认知的来源、途径不同，可分为两类群体：一是曾在该城市居住、投资、工作、学习、旅游或访问过的外部利益相关者群体（或称外部观者 1），他们对城市的感知主要来自短暂的"体验"、城市内部品牌和城市宣传。二是从未到过该城市的外部利益相关者群体（或称外部观者 2），他们对城市的感知主要来自城市内部品牌、城市宣传和其他利益相关者的介绍或影响。外部观者 1 的口碑效应不容小虚。

第三节 城市品牌的塑造方法

"品牌"作为城市核心竞争力的集中体现，也是一种系统，即"城市品牌系统"（Urban Brand System）。它是一个由城市品牌与全体受众（即利益相关者，比如，市民、政府机构工作人员、投资者、旅游者、上级部门及工作人员、周边城市及相关人员等）、城市品牌与城市内部品牌（比如，知名产业品牌、知名企业或组织品牌、著名人物品牌、城市景点品牌等）、城市品牌与城市资源（比如，城市历史与现状、地理位置、气候等）、城市品牌与城市环境（比如，城市政策法律环境、经济与商业环境、社会与文化环境、技术环境和自然生态环境等）等构成的关系系统。因此，可以说，城市品牌塑造是一项巨大的系统工程，涉及经济、环境、社会等诸多方面，而各个因素又都包含有若干子系统，需要系统规划。

同时，城市品牌塑造需要一座城市的整体努力，是全方位的事业，绝非仅仅停留在"城市营销""城市形象"等层面上。当我们进行城市品牌决策时，必须要从一个更加宏观的角度来考虑问题，需要将城市品牌定位、品牌核心价值贯彻到城市建设及发展的方方面面。城市品牌的美誉度和知名度的提升过程，实质上就是一座城市全面发展的过程，即城市的全面发展推动城市品牌度的提升。反过来，城市品牌度提升，又会促进城市各项事业的全面发展，二者相辅相成，相得益彰。

一、城市形象工程

城市品牌存在于受众的脑海中。宣传或传播活动是通过对目标受众的认知进行影响，从而为整体体验的形成起到一定的推动作用。城市宣传和传播活动是在城市品牌战略的指导下进行的。如果城市的宣传工作不是在品牌战略的指导下进行，宣传内容与口径和整体品牌规划就会不一致，这种宣传可能会对城市品牌建设形成阻力，做得越多，投入越大，负面效应越显著。

（一）塑造良好的城市形象

城市行为表现系统是一座城市在运行过程中有关行为方面的所有要素的整合。比如，政府行为、企业行为与市民行为。

塑造城市行为形象涉及三个行为主体：政府、企业（以及其他社会团体组织）、市民。具体内容如下：

1. 政府形象

政府是城市经济与社会各项事业发展的组织者，也是城市的管理者。树立起良好的政府形象，是城市行为表现系统建设中的第一个环节。政府的形象应包括：规章制度健全、办事公正、决策民主和科学、办事高效率、政府工作人员廉洁自律等。

2. 企业形象

企业形象是城市形象的重要组成部分。一座城市如果拥有一批名牌企业，就必然会增加城市的经济实力，借助名牌企业和名牌产品的知名度，可以带动相关产业的整体发展，提升城市的知名度。

3. 市民形象

市民指居住在该城市中的居民，它是一座城市中最广泛、最具有代表性的群体，是城市最重要的一个主体。市民的形象，代表了一座城市的形象。市民的素质、形象，会给客人留下印象；而在客人的心目中，该印象会推而广之成为“某地人”的形象。所以，市民的形象对城市形象的确立尤为关键。制定市民文明公约，并开展大量声势浩大的宣传活动，使之深入人心，落实到行动，让所有利益相关者感受到该地市民的形象、风貌，并形成良好、积极的印象。

（二）实施服务创新，实现服务产业结构升级

城市服务创新是城市品牌的重要组成部分，一些企业、单位或城市，在强调核心竞争力的构建时，更多地强调核心产品和核心技术，这当然是必要的。但是，一个企业要真正建立核心竞争力，必须实现核心产品、核心技术与服务三位一体的创新。

城市管理本身就是一种社会服务。进一步说，服务是城市必须提供的。城市是市场的载体，城市是人们的生活消费中心，服务是城市的一个本质属性。但是，在城市与城市间的竞争中，不同城市的服务水平是不一样的。

仅就深圳与南京、上海相比，在服务上，这三座城市有很大的差异。在城市“印象”、意向和感觉中，人们对任何城市的好感程度，都与城市的服务息息相关。服务不好的城市，在人们心目中的整体印象是不好的，城市形象也是不好的。

这里强调的服务，主要是城市生产型服务行业、政府和生活型服务产业的发展水平。强调服务创新，是因为服务作为一个产品或概念被开发，非常容易被人模仿。服务创新比产品创新难的是，服务创新必须天天讲、月月讲、年年讲，要不断地创新，才有可能形成服务产品的优势和服务创新的系统性发展。

当代中国城市正处在五种转型之中，即从传统封闭式城市形态向开放式城市形态转型、从单体城市向城市群关系转型、从以第二产业为主向以第三产业为主转型、从平面结构关系向立体结构关系转型、城市居民的生活方式从“单位人”向“社区人”转型。在这些转型中，服务成为城市社会的一种存在形式，即城市人与人的关系本质，表现为城市人服务与被服务的关系。

城市服务在现阶段存在着明显的问题，主要表现在：(1)服务的目的不清。服务最终是为了谁，没有明显界定。(2)服务缺乏系统性。(3)重外在形象，轻服务质量。(4)服务水平的保持缺乏持久性。(5)缺乏完整性。(6)缺乏职业道德。(7)重认知形象，轻实体形象。(8)没有构建服务相关的系统。

真正创造城市品牌，应该在人才、技术、产品创新的同时，更要注意服务的创新。服务创新包括主动服务体系、快速服务体系、隐性服务体系、显性服务体系、超前服务体系、超值服务体系等的创新。归结到底，任何城市要考虑自己的品牌战略定位，都离不开服务创新。

二、城市文化形象工程

城市文化是一种地域形态的组织文化，城市文化是在一定自然与人文历史背景下，创造出来的物质的、精神的、制度的和其他多种文化并存的多种形态特质所构成的复合体（张鸿雁，2002）。

城市文化的丰富带来人才的聚集、旅游资源的开发、外来资本的投入，进而推动城市的发展。张鸿雁断言，在21世纪上半叶，城市文化将成为城市兴衰的关键因素。新城市文化和新城市形象，将在全世界范围内成为城市竞争的主要表现形式。不能创新城市文化的城市，是没有希望的城市。城市的历史文化、民族传统、人文色彩、时代烙印和城市特色等，都是与城市的产生和发展同时存在的物质财富和精神财富，是城市文化的反映。一座没有或缺乏文化的城市，只是建筑材料的堆积地，被称为“文化沙漠”。城市规划应当在发掘、保护与发展城市文化上下功夫，使城市以自己的独特形象和文化光彩屹立于世界城市之林。

城市文化是一座城市气质的底蕴，是一座城市形成的灵魂所在，城市文化已经成为城市发展的巨大推动力。塑造城市形象要突出文化特色，要充分认识城市“个性”和文化特色的巨大价值。城市形象塑造，必须注意“文化思考”和“文化规划”，从意识形态和文化发展的角度来思考城市形象问题。城市形象塑造首先要进行城市整体风格定位，而风格定位的前提就是“城市文化要素”定位，即根据历史传统、区位条件、自然条件及现代化发展的要求进行整体定位。风格定位是一座城市在进行具体规划之前应当明晰城市未来文化风格、城市文化属性、城市形象文化表述，以及城市经济结构、政治结构对城市整体形象的要求。

塑造城市文化应着重从以下几个方面入手：

（一）充分利用城市文化资源

一个城市区域内的历史文化资源，是这个城市形成文化特色和个性的基础。例如，北京的“京文化”、上海的“海文化”，无不给人以深刻印象。历史文化是城市文化的根，是灵魂，是对外宣传城市形象独具魅力和特色的重要内容。

（二）精心设计城市文化的物质要素，保持城市建筑与城市文化特色的协调

城市建筑是城市文化特色的主要构成，其基本风格应与城市文化背景相协调。在此

基础上，提倡百花齐放、造型各异，从而有序地构成一座城市的整体外在形象。相邻建筑群之间应比例协调、错落相间，与主体建筑构成和谐、完美的空间轮廓。大型高层建筑物的样式，应根据城市特点，精心设计与规划，强调与城市整体形象和文化个性的协调、和谐。

同时，公共文化设施要与城市文化特色相一致。文化设施是城市文化形象的重要载体，必须严格按照城市文化特色和社会文化氛围的设计要求建造，用城市发展的战略眼光来审视，按照国际一流的、现代化的标准进行设计、改造或发展。

（三）举办体现城市文化个性的特色活动

城市管理者在市民工作、学习、休闲活动以外，应多举办一些体现城市地方特色的文化节庆祝活动。城市的大型文化活动是一座城市形象、城市文化水平、城市文化特色及城市文化整体性的体现和象征。

对此，可根据如下的原则对文化节进行策划：

一是规模性。这种形式的文化活动，一定要具有规模性，以形成影响和辐射力。

二是唯一性。即这种活动不与其他城市雷同，不能模仿别人，以寻找这种活动最大的差异性和唯一性，进而形成旅游与文化创新功能。

三是地方性。只有地方性强，才会有特色。而地方性就是以挖掘城市历史和独有资源为出发点。一个成功的文化节，需要社会各个部门、行业的配合，其中任何一个部门、行业的不良行为，都会给人留下不好的印象。因此，文化节的举办必须与促进其他行业的发展结合起来，通过举办文化节，创造城市发展的“文化动因”。

一座城市要创造品牌文化和文化品牌，其可参考的文化表现是：

1. 创建城市所属的文化与学术流派

比如，美国芝加哥社会学派成为世界有影响的学术群体，并在城市社会与经济发展中起到重要作用；中国古代文化中的文化流派、艺术流派，地域性十分明显的也是华夏文明的特色之一。例如，齐鲁派、襄阳学派等。创办具有国际性、地域性的学术、文化艺术流派和群体，是城市文化核心竞争力的源泉。

2. 开发、创造垄断性文化资源

每一座城市都有某种意义上自己独有的文化资源。城市的历史越长，旅游资源的文化意义就越强，就越具有文化资本价值。以南京为例，开发特色旅游，突出南京市“城市在山水中，山水在城市中”的秀美自然山水、历史文化底蕴、多样民俗民艺等特点。

3. 城市形象推广中应该创造与大众文化和社会发展相适应的文化艺术

与社会相适应的文化艺术，其核心是与国际接轨。要注重抓文化精品的生产，树立精品意识，以文化精品战略带动文化事业的繁荣，提升城市的文化形象。

（四）创造城市所属的文化精英与文化名人群体，创造现代城市生活的样板群体

从这一方面讲，在战略的实施中，首先要注重对文化名人的培养，文化名人是影响一座城市文化形象的重要因素。巴黎、纽约、悉尼、维也纳、北京、上海、深圳、香港等，之所以成为人们向往之都，除了城市风景、城市文化和发展机会多以外，就是城市居住着很多社会文化名人。例如，作家、画家、舞蹈家、歌唱家、体育明星、知名学者等。他们往往影响着时尚，影响着市民的生活方式，更重要的是，影响着人们的生活与价值观念。

城市名人自身可以说明城市文化的特色和发展水平。一座城市，如果没有文化精英群体，即使有再好的硬件文化设施，城市形象往往显得苍白无力。注重文化名人的培养是提升城市文化形象的重要一环。一座城市应该制订切实可行的人才培养规划。比如，可建立若干文艺人才培养基地，诸如文学创作基地、音乐创作基地、书画创作基地、导演培训基地等。同时，对城市文化名人进行合理适度的宣传与包装，扩大他们的知名度。在对外来人才的引进上，要加大对文化人才引进的力度。

高层次的文化“精英”要走出高校、研究机构、文化团体，通过各种文化活动、各种媒体，影响市民文化生活，向政府、产业界渗透影响，与政府行为、商界行为，乃至市民行为之间建立沟通、联系。

（五）经营丰富的城市文化

城市文化包括物质文化和精神文化两个方面。

在物质文化方面，建筑物，特别是标志性建筑物，要体现出整座城市的精神面貌和价值取向，既标新立异，又不哗众取宠，要给人留下深刻印象。广场要有广场文化。广场是公共场所，是休闲娱乐之处，来往人口多，应维护广场公共卫生，杜绝不良、不雅现象的发生。社区要有社区文化，让居民区宜人宜居，使居民满意、称道。休闲区的文化建设，特别是公园的文化建设，要让人喜闻乐见。

在精神文化方面。政府要组织市民开展丰富多彩、积极向上的文化活动，引导市民摆脱低级趣味，制造浓厚、积极的文化氛围。

按照世界文化发展委员会的定义，文化教育是独特的精神、物质、智力和情感的综合体。首先，城市文化表现在城市建筑与环境的特色与个性上。一座现代化的城市，除了必须拥有与之匹配的现代化文娱设施以外，还须拥有具有历史的、民族的、地方的、自然的富有艺术特色的建筑与环境。即使在各种文化大融合的信息时代，其地方的、民族的特色，亦不会凭空消失，而是改变其原有性状，转化为信息元，融入更广义的文化城市范畴，使城市魅力长存。其次，城市文化也表现在那些最富有开放与合作意义的城市窗口人员的行为举止上。通过观察与感受这些人的市民文化，如衣食住行、言谈举止、精神风貌、文化素养、服务态度、办事效率等，即可判断一座城市的精神文明程度。最后，城市文化还表现在城市文化名人身上。现代化城市既要有长期积累的文化名人，更要有能不断孕育新的文化名人的“温床”，不断为城市精神文明建设培养示范群体，促进文明城市、诚信城市、和谐城市建设。

📖 三、城市“名片”工程

所谓城市“名片”工程，就是在城市品牌定位基础上，通过对利益相关者认知的影响，选出能代表城市的服务品牌、个人品牌、组织品牌、文化品牌、产业品牌、产品品牌、地理环境品牌、典故事迹品牌等，然后重点培育。以“产品品牌”为例，任何城市都应加大力度支持本地名牌产品的生产。针对城市的自身条件，选择具有发展前景的产品（产业），进行重点打造，逐步把它们培育成在全国乃至世界范围内具有较高知名度的名牌产品，提高城市的生存能力，提升城市品牌形象。

具体来讲，城市内部品牌是指该城市所拥有的产品品牌、服务品牌、个人品牌、组织品牌（企业品牌、政府品牌、非营利性组织品牌）、文化品牌、产业品牌（如矿藏品牌、旅游品牌、工业品牌、商业品牌、教育品牌等）、地理环境品牌、典故事迹品牌等。内部品牌对城市品牌形成的驱动作用主要表现在两个方面：

一是这些内部品牌具有极强的带动效应，能大幅提升城市品牌的知名度。比如，洛杉矶，其城市品牌以“国际影都”闻名于世，并以电影业为主导，关联发展起演艺业、置景业、电影特技业、休闲旅游业、电影发行业和音像制品业等电影关联产业。而青岛的名气很大程度上受益于有名的“五朵金花”，即海信、海尔、青岛啤酒、双星、澳柯玛。同样因内部品牌受益的还有深圳，该市拥有华为、康佳、三九、飞亚达、中兴、先科等全国著名品牌。这些企业品牌，有力地提升了深圳作为“科技城”的影响力和知名度。而绵阳作为“电子城”，很重要的原因是它有“长虹”这个著名企业。许多人也正是通过“长虹”了解、熟悉绵阳的。因此，努力培育城市内部“名片”，应该成为城市品牌塑造的重要途径。

二是利益相关者从城市内部品牌的消费体验中获得对城市的某种联想。许多外部利益相关者原本不熟悉该城市，但因为经常使用来自该城市的产品或服务，而产生对该城市的兴趣和积极联想。因此，在塑造城市品牌过程中，除了将城市内部品牌培育成为能代表城市的“名片”外，还应发动有关行业组织、企事业单位共同制定规范企事业单位和工作人员行业行为的自律条例，从而净化城市商业经营环境，使利益相关者乐意使用该城市的产品或服务，乐意到该城市投资经商或旅游。培育著名的城市内部品牌就是塑造城市品牌的“名片”。

企业品牌和产品品牌是城市形象建设及城市整体核心竞争力提高的关键环节。名牌产品是一座城市经济发达程度的表现，人们会很自然地将某个名牌产品与它的产地结合起来，把它作为这个地区的象征。比如，国内比较熟悉的绵阳长虹、青岛海尔、深圳康佳、无锡小天鹅等，这些名牌产品不仅加强了所在地区的经济实力，而且提高了这些地区的形象和知名度。同时，由于这些名牌产品中所蕴含的丰富的文化因素，也使它们成为城市优良文化形象的一种反映。巴黎和东京是世界的服装引导之都，至今还引导着世界的服饰时尚。中国大连的服装节，对大连城市形象推广起到了良好的作用。大连城市服装文化节，已经形成相关产业链，这个产业链跨度较大，不仅有服装企业，还有高等院校，如大连大学成立服装学院与法国高级时装公会联合办学，在文化效应方面的作用是十分明显的。任何城市都应加大力度支持本地名牌产品的生产，针对城市的自身条件，从现有的具有实力的产品中选择具有发展前途的产品，进行技术创新，加大宣传力度，逐渐将它们培育成在全国乃至世界范围内具有较高知名度的名牌产品，提高城市的生存能力，提升城市品牌形象。

建设城市“名片”工程就需要对优势支柱产业进行扶持。支柱产业是指在经济发展中具有继起性和连带性作用，随着经济的发展将成为城市经济中的重点产业。作为支柱产业，它必须具备以下条件：

一是收入需求要有弹性。收入变化对消费影响大的一般都是高档消费品和现代消费品，如现代化的交通工具、通信设备、高档家具、高级住宅、高档家电等。

二是对区域经济基础增强有较强的推动力。与社会产业有密切的相关性，某一产业的发展常常能产生乘数效应，带动其他产业的发展。

三是能代表技术进步的方向。目前能代表技术进步的方向的产业主要有纳米技术、DNA 工程、微电子工业、信息产业和新兴材料工业。

四是有较强的出口外向度。出口外向度强的产业一般具有劳动生产率上升快、产业具有比较优势等优点，因而能在国际交换中处于有利地位。

因此，为塑造城市“名片”工程，城市主要应做好以下工作：

1. 制定产业的相关法规和政策，实现区域产业结构优化，从制度上保障支柱产业健康发展，从政策上鼓励产业优先发展。

2. 选择符合区域情况的产业结构。符合区域情况的产业结构是指，城市的产业结构要建立在现有的自然条件的基础上，既不要超越经济发展阶段，又要兼顾历史沿革已形成的产业格局，积极扶持高新技术产业和具有市场生命力的传统产业，逐步实现区域产业结构的合理化和高级化。

3. 实现产业结构的均衡化。产业结构的均衡化是以产业差异和区域差异为前提的。实现产业结构均衡化，首先是根据区位优势保持恰当的产业比例，以充分利用区位资源；再就是产业质量均衡，做到产业在技术结构、产品结构上保持有机结合，各产业技术联系密切，保持技术进步的传递和扩散顺畅。

4. 培育一批名、特、优产品。培育名、特、优产品与城市品牌能产生良好的互动效应。名、特、优产品能提高一个地区或城市的知名度。

四、城市硬环境建设与整治工程

“经营城市”是政府运用市场手段来经营城市的硬件设施，运用以行政管理为主的手段来经营城市的软件设施，以提供完美的“城市产品”，创建优质的城市品牌。城市现代化，首先是城市基础设施现代化。要针对当前城市中心区域对外交通不畅、公用设施不配套、园林绿化不丰满、电力设施不完善等问题，广开资金渠道，全面加强基础设施建设。

（一）城市空间布局

城市布局是充分调动城市的多项空间资源，对街区、景观、建筑等要素的结构优化重组，体现城市的时代特色、地域特色和文化品味。为此，应做好以下几点：

1. 城市布局要与城市经济发展紧密结合

城市布局要做到与本市经济发展密切结合，突出时代特色，紧紧围绕产业结构调整和优化，抓好城市工业区、商贸服务区、各类市场等建设布局。

2. 城市布局要与城市自然地理环境紧密结合

依据城市自然地理环境，创造各具特色的城市结构形态，体现现代化城市的特色与个性。

3. 城市布局要处理好现代城市建筑与城市历史街区的关系

加强对历史街区的保护，把现代化城市建成城市历史文化博物馆，向人们充分展示城市历史文脉与传统风貌，不断激发人们的历史情感和家园意识。在保持原有风貌的同时，要积极创新发展，创建新的城市风貌；要充实各种公共文化设施，以满足城市居民日益增长的精神文化需求。

4. 开展城市绿化与环境整治，建设生态城市

要开展大规模的城市绿化、美化与城市环境综合整治活动，加强对开放空间、绿化空间、传统空间的开发建设，尤其要加强对滨水地带的整治，形成良好的城市亲水空间。中心城区和城市规划区内的郊区、集镇，要以道路为纽带，通过绿化工程加以建设。

一方面，要采取点、线、面相结合的办法，实行公共区域绿化、单位绿化、庭院绿化、街巷绿化“四路进军”和行道树、道边绿化带、道边花坛、街头绿地、临街游园“五个并举”，抓好中心城区的绿化，形成“城在森林中、路在树木中、人在花草中”的绿化格局。

另一方面，中心城区和城市规划内的集镇，以道路为纽带，通过绿化工程，使自然山水、生态农业、绿带、绿地有机联系起来，人工环境与自然环境有机交融，实现城市生态化、大地园林化。

5. 城市配套工程建设

要适应城市发展和满足市民生活的双重需要，就要完善城市给排水管网，合理规划、建设城市各项系统，切实增强城市的综合功能。

（二）城市景观建设

城市景观建设主要是通过对城市外在构成要素，如自然环境、人工环境、人文及遗迹的整合设计，力求在优化和艺术化城市空间物质要素的过程中，实现城市的景观美，即组成城市各种和谐体系的美。它以建筑艺术的造型与宽阔平坦的街道和各种公共设施相映成趣。城市景观涉及的内容很多，至少应从以下几个方面着手。

1. 城市建筑设计

城市建筑的魅力，除了它的使用功能外，还在于它仿佛是凝固的音乐，直接反映着人类文明，给人以更高层次的精神享受。繁荣建筑创作，必须树立精品意识，高标准地设计与建设具有浓厚文化气息、风格高雅别致的精品，提高建筑的审美价值和文化含量。单体建筑要富有特色，建筑群体要和谐统一，注重城市雕塑、建筑小品、灯光装饰的设计和

构造，充分发挥其在城市建筑群中的点缀作用。

2. 城市色彩整合

城市色彩也是构成城市建筑美学的重要因素。色彩往往具有先声夺人的功效，一座城市如果没有成功的景观色彩设计，纵然建筑形式千变万化，规划布局严谨合理，也很难体现出带有浓郁感情色彩的城市美来。

建筑色彩的选择要考虑周围的自然环境，包括气候、地理位置等因素，注意与周围环境、道路、地形、绿化协调统一，使建筑物在环境中显得完整自然、配置得当。城市景观应是人工景观与自然景观的合理组合，在设计人工景观的色彩时，离不开对自然景观色彩的参照。人工景观的色彩，要与周围环境和谐，又不为自然景观的色彩所束缚。

3. 城市景观布局

城市中心的商业楼宇、彩色灯饰、橱窗、花卉、广告标牌、街头雕塑小品、音乐喷泉、休闲公园、露天广场等，处处都应经过精心设计、着意美化，使城市中心既有浓郁的商业都会气息，又有高雅的文化艺术情调。

4. 城市交通规划

优先、优质建设面向未来、适应国际化需要的国际航空港、海港等窗口设施，以及与之配套的高效、便捷、安全的区域交通网络。例如，高速公路网、铁路网等。

城市的各项土地利用、建筑群落、空间交通、经济活动和园林绿化以及环境保护措施等，都需要符合和保持城市环境的生态平衡，努力营造一个以人为本的生态城市。现代化的城市环境应当是一座没有环境污染，能使人们生活舒适、文明、卫生，并能享受大自然的宜人城市、绿色城市、生态城市、健康城市。城市规划应当把上述原则和要求融进规划里，反映在图纸上，落实在实践中。城市规划应当全面、合理、高标准和系统地进行综合考虑、统筹安排、统一部署，以便按规划实施建设。

（三）城市建设保障措施

对于城市建设，政府的进步空间还很大。政府要从具体的建设管理事务中脱离出来，通过制定法规、政策，整顿秩序等，找到自己的位置，更好地履行宏观管理职能。各类经营性城市公用设施的规划设计、建设管理、命名维护、广告发布等，都可引入市场竞争机制，卫、水、气、暖等公益事业也要逐步推向市场，实行企业化管理。

城市建设与城市管理的关系。事实证明，建设是管理的基础和依托，没有齐备的硬件设施，城市管理很难落到实处。管理是建设的延续，没有有效的管理措施和手段，城市建设也很难进行，良好的城市形象也将难以形成。比如，有些城市就因为住宅开发的规模化、集约化程度不高，物业管理硬件不齐备，管理队伍不健全，造成管理效率不高，管理工作不到位，难以充分满足广大居民的需求。因此，需要从改革城市管理制度、健全管理机制入手，进一步加大管理力度。

首先，引入竞争机制，把建设委员会下属的设计所、清洁站、绿化所等单位全面推向市场，优化组合，竞争上岗，路段承包，推进企业化管理进程。

其次，理顺关系，强化城市管理力量，组建街道办事处、居委会，成立城市综合管理执法机构。街道办事处的主要职责就是城市管理。

再次，按照分级负责、统一管理的原则，重新构建城市住宅小区物业管理，健全制度，依法管理。

最后，分配各部门在城市管理中的职责，完善各项规章制度，明确奖惩，开展精神文明创建活动，通过严格管理、教育感化，提高居民素质，美化城市形象。

五、城市软环境建设与整治工程

城市品牌就是城市的内涵，而城市的内涵又主要通过城市软件设施来表现。这就决定了城市品牌的创建应该以城市软环境的经营为突出点。城市品牌的独特性，也重点体现在城市软件设施上。由于城市的软件设施经营具有一定的特殊性和非市场操作性，所以，政府只能用以行政管理为主的手段，对其加以经营。城市的软环境建设可归纳为以下几个方面：

（一）经营健全的城市法治环境

市场经济就是法治经济，这是对市场经济本质和现状的精确概括。处于市场经济体制下的各经济主体之间经济利益的界定、协调，一时一刻都离不开法律。城市作为许多经济主体构成的综合体，它更需要法律法规来调节各经济主体之间的关系。城市经济的协调发展，必须要有健全的法制引导、规范、保障和约束，在不与法律法规相冲突的情况下，充分发挥地方立法的灵活性，制定符合城市经济发展的地方性法规、规章。依法行政，健全公正的行政执法制度。建立公平、廉洁、有效的司法制度，特别是政府，要有较高的法律意识，通过创造优良的法治环境，培育和建立良好的市场关系和市场秩序，这样，才能吸引外来投资。为创建这样的法治环境，政府可以选调或聘请一些有较高法律水平的人才，特别是懂得国际金融、国际投资、国际商业惯例等法律人才来提供咨询，防范和避免违法现象。

（二）经营优惠的城市政策环境

首先，要抓住近年来产业结构升级调整的机遇，制定优惠的投资政策，以吸引高科技含量企业、高效益企业、无污染企业入驻。其次，要制定吸引优秀人才的政策。科技是第一生产力，科技来源于优秀人才，留住了优秀人才，就能拥有科技，就能发展经济。再次，制定关爱外来务工人员的政策。外来务工人员背井离乡，为城市发展做了不小的贡献，不应该受到歧视，应该予以关爱。最后，制定宽松的外来务工人员子女入学政策。近年来，外来务工人员子女入学难的问题一直没有得到很好的解决，有必要为他们的子女制定宽松的入学政策，以减少其后顾之忧。总之，各城市应该根据自己的实际情况，来制定各种优惠政策，确保城市稳定健康地发展。

（三）经营安定的城市治安环境

稳定的政治环境和良好的治安环境，是城市经济快速、健康发展的基础和前提条件。没有政治稳定和社会安宁，一切都无从谈起。因此，作为城市经营者的政府，一定要创建一个让市民和投资者安心的治安环境。要积极预防、认真处理危害城市稳定的事件。要加大严打工作力度，保持良好事态。加大防范整治工作力度，净化经济环境。加大服务工作力度，创造有利条件。必须引起注意的是，在投资者的周边一定要打造出过硬的治安环境，从根本上铲除扰乱社会治安的因素，营造良好的城市治安环境。

（四）经营舒适的城市生活环境

城市不是一个封闭的系统，它是开放的，必须面向全国，甚至面向世界。如何才能吸引投资者和市民呢？在城市竞争日趋激烈的今天，拥有舒适的生活环境，不能不说是城市取得竞争优势的利器之一。政府除了使城市的硬件设施得到完善、城市面貌得到翻新、城市生活环境质量得到提高以外，还应该注意城市形象的打造和城市品位的提升，以创建高品位的城市生活环境。政府应根据实际情况，发挥本地的各种资源优势，挖掘历史文化内涵，打造独特的城市形象和城市环境。

（五）以科技进步为先导，构建知识城市

科学技术对城市经济增长做出的贡献，已明显超过资本和劳动力。科技进步不仅成为发达国家城市发展的动力，亦将是发展中国家城市超越经济、技术鸿沟，追赶发达国家

城市的动力与源泉。因此，依靠科技进步来改造城市，调整与优化产业结构，发展高新技术和资本密集型产业，推动城市经济转型与升级，是城市增强其综合竞争能力和实现现代化目标的关键。城市科学技术全面进步的途径包括：树立“科技兴市”“科教兴市”观念，加大科技和教育投入；加强城市间的合作，积极引进先进的科学技术、管理模式，特别是引入高科技人才；加强基础研究与应用开发，尽快促成科技成果商品化；改革科技管理体制，创造有利于科技进步的社会环境，充分发挥广大科技人员的作用；促进城市科技产业化或产业科技化，形成“科技—生产”转化流程，即建立城市科技与经济的良好循环机制。

城市软件设施经营，除了以上提到的几个方面外，各级政府还应该根据本地的实际情况，因地制宜，开展城市软件设施经营活动。城市软环境经营，不但可以提高市民的生活质量，还为吸引外资增加了筹码，不可忽视。

六、城市品牌整合传播工程

城市品牌的传播是连接城市、城市管理者，以及所有社会成员的重要桥梁。从某种意义上讲，城市品牌塑造是否成功，很大程度上取决于其传播效果。通常传播学把传播分为人际传播、组织传播和大众传播三种。每一种都包括了语言传播和非语言传播。城市品牌的传播显然不能仅限于运用某一种传播方式，而应当博采众长地综合运用各种传播方式和媒体工具。从社会参与角度而言，应该肯定，全体市民都是其所在城市的品牌传播主体。事实上，所有市民都凝结着、传播着所处城市的品牌信息。城市品牌的传播，归根结底，就是城市媒体对受众情感的反应过程。这种情感的反应是一种需要的反应。需要的反应并非受众接受或拒绝媒介所给定的一种信息，而是受众阐释或商讨媒体所提供信息的意义。在大多数情况下，市民和观者是在接受传播媒介的信息中认识城市品牌。因此，只有通过富有个性的城市理念和城市文化传播方式，才能塑造独具魅力的城市品牌。

城市品牌塑造离不开有效的传播方式。城市品牌塑造应借用整合传播理念，不仅要多种传播途径并用，而且要利用政府公关、广告宣传活动、教育引导等多种方式进行传播，以实现传播效率最大化。从城市管理角度看，城市品牌的传播组织者首先是城市建设的领导者、策划者。在管理群体层面上，其核心领导层的形象是城市形象的代表，其行为方式、宣传尺度把握，都十分重要。从社会参与的角度，也理应把全体城市居民确定为本城市形象的传播主体。实际上，所有市民自身既是城市形象的建设者，又是城市形象的扮演者，市民的素质、言行举止，传播着所处城市文明的信息。在城市品牌传播过程中，应通过政府公关方式，组织高层次、大影响的城市活动，营造热点，制造新闻，积极主动地推广和扩散城市品牌信息。

（一）制定明确而富有远见的宣传战略

城市品牌宣传战略包括宣传好的产品、项目、历史文化、企业、市民、有影响力的事件、投资环境、发展经济的潜力等。这些应始终成为宣传战略的工作重心，以此唤醒市民为建设自己的城市献计献策的积极性，吸引国内外人士的关注。落实这个重心就要求新闻宣传界努力工作，保证每年在国内外有影响力的重要报刊上能经常出现介绍城市的报道或内容，用宣传者独特的眼光，策划塑造有影响力的“城市新闻”，旨在向外界整体推出城市形象。

（二）城市品牌对内传播目标与手段

要通过城市品牌教育，将本市的发展方向、城市精神、法规政策传播给社区成员，特别是青少年。这也是一个城市形象的对内传播过程。强化对市民的宣传教育，努力提高全体市民的城市意识，是搞好城市品牌传播的基础性工作。

城市品牌对内传播的主要目标是通过充分传播，明确城市定位，完成阶段性的传播任务，增强市民的认同感，提升市民的自豪感，使市民与政府共同为建设城市品牌做出贡献。城市品牌传播之所以先从所在城市开始，是因为城市品牌形象的建立，根本上是通过这个城市所有人的行为来实现的，让所有人都明确和了解自己所在城市最终要达到的目标，这样不仅可以统一大家的认识和行为，而且还能激发市民的斗志，鼓舞大家为之努力奋斗。

城市品牌对内传播的手段，主要是充分发挥报刊、电台、电视台等新闻媒体的主渠道作用，广泛深入地加强对市民的文明教育，让广大市民懂得，良好的城市品牌与每个人息息相关。每个市民都有享受城市品牌的权利，同时又有维护城市品牌的义务。只有这样，才能营造共同的社区归属感、责任感和荣誉感，从而有力地促进城市品牌的优化与扩张。

（三）城市品牌对外传播目标与手段

城市品牌传播像企业一样，需要做广告、搞公关，采取商业与外交相结合的手段，以强有力的方式对外宣传自己的城市品牌。城市品牌对外传播，主要是使人才、投资者、旅游者、中央政府或地方政府，对城市从知道到完整认知到产生期望，形成品牌偏好，累积、强化、形成品牌拉力，提升原有的品牌体验，进而达到城市发展的战略和城市营销目标。

城市品牌对外传播的手段，一是运用整合营销传播方式，即综合性地使用不同的传播手段，以达成多样化的统一。二统一传播主题。我们可以通过软性宣传手段，比如，直接分析驱动旅游者前往泰山的深层次心理因素，挖掘他们对泰山的品牌认知，从而影响目标受众，传播泰山品牌定位，进而达到宣传目的。

对于宣传城市品牌来说，广告是一种重要的方式。21 世纪以来，中国越来越多的城市开始给自己做起广告。城市广告应该包含和传播三个因素，即这座城市有什么特殊价值？城市对外来人的态度是什么？城市可以为人们在这个城市实现价值提供什么样的帮助？这是在竞争投资者资源、旅游者资源、消费者资源及其他资源时必须要表明的东西。让投资者、旅游者、消费者等清楚地知道这些内容，对城市竞争是比较有利的。当然，一座城市不仅仅要在电视上做广告，还要进行全面的城市品牌形象管理。

（四）提高政府机构、官员、全体市民的公关意识

公关意识是一种自觉的公关观念，它是指只要有机会和可能，有关人员就要自觉开展公关活动。放大到城市公关，就是只要能为城市做宣传，能扩大城市影响，就要努力去做。增强政府工作人员及市民的公关意识，对城市形象塑造极为重要。

城市公关意识的树立，首先，需要政府官员和全体市民热爱和忠诚自己的城市。没有这种热爱和忠诚，就无法培养公关敏感，就不可能对公关环境的组合变化做出积极反应。其次，需要政府官员和相关人员掌握必要的公关知识和技能。强化公关意识，必须先从城市（政府）的主要领导做起，在其公务活动中，要努力抓住机会进行公关活动。

政府公关是城市公关的主要形式。所谓政府公关是指，政府为了更好地管理社会公共事务而运用传播手段，与社会公众建立相互了解、相互适应的持久联系，以便在公众中塑造良好的政府形象，争取公众对政府工作理解和支持的活动。

余明阳等（2004）从内部公关和外部公关两种形式，对政府公关内容做了以下归纳：

政府内部公关：首先，城市领导人的内部公关可以通过内部的良性互动进行。一个良好的关系环境，有助于行政管理质量的提高。大连的城市品牌建设，就充分发挥了内部人员的智慧和凝聚力，共同致力于大连城市品牌建设。其次，通过政府内部公关，争取政府职能部门及其工作人员的了解、支持与合作。因为城市品牌建设最终必须由政府各职能部门贯彻实施，没有各职能部门及其工作人员的支持与配合，城市品牌就失去了其

必要的组织保证。同时，城市品牌涉及众多领域和部门，是一个系统工程。因此，必须在政府内部实施“全员公关”，让政府工作人员转变观念，重视自身形象建设，从而树立起“廉洁、民主、科学、高效”的政府形象，最终促进良好城市品牌的建立。

政府外部公关：城市品牌传播需要一个良好的外部环境，这就需要政府开展各项外部公关活动，减少阻力。重要途径有：积极开展政府外部公关，争取广大市民的理解、支持与合作。重视与新闻媒体建立良好合作关系。加强与社会其他团体及个人的联系。积极开展国际交往，塑造良好的国际形象。通过举办一些有特殊意义和重大影响力的活动，来塑造城市品牌。吸纳民意，使城市品牌塑造得更完善。利用各种传播媒介及手段，塑造城市品牌。制定完善的有利于城市品牌建设的规章制度。通过课题招标方式，吸引高层次的公关策划公司参与到城市品牌塑造中来。

（五）积极参与、承办国际国内政治、经济、文化、体育及社会发展的各项交流活动

争取多承办一些国际、国内会议，争取定期承办某些活动或会议。比如，博鳌亚洲论坛、世界园艺博览会等，都是体现城市形象和气魄的活动。

同时，还需要结合城市特色，举办或参与各种国际性、开放性的交流活动，不断把城市形象推介和传递出去，从而提升城市知名度和美誉度。正如很多人是通过音乐知道“维也纳”，通过冰雪艺术知道“札幌”，通过“兵马俑”知道“西安”，通过“莫高窟”知道“敦煌”一样。

第四节　城市品牌的定位策略

一、城市品牌定位的内涵

（一）城市品牌定位的概念

定位是建立品牌的灵魂，城市品牌存在的价值是它在市场上的定位和不可替代的个性，就如同产品品牌一样，著名品牌之所以屹立不倒，就是因为它始终遵循着自己的定位和保持着与竞争对手的差异。任何产品和服务在市场上的竞争都离不开独特的市场定位，同样，城市也不例外。

定位是指目标受众对一个具体品牌的相对知觉。一般来说，一个品牌，并不是孤立地被感知或判断，而是相较于其他品牌被评价的。所以，城市品牌定位的目的就是要体现城市的个性，给人以明确、清晰、系统的整体形象。换言之，为城市确定一个满足目标受众需求的品牌形象，其结果是获取目标受众的认可从，而使其消费城市产品。因此，可以说，城市品牌是城市核心价值的高度概括、提炼，而城市品牌定位的实质就是将城市放在目标受众心目中，给它一个独一无二的位置，由此形成这座城市鲜明的品牌个性。

（二）城市品牌定位与品牌定位

品牌定位的提出始于1972年，美国广告专家艾尔·里斯和杰克·屈劳特曾写了一系列名为“定位时代”的文章，刊载于美国专业期刊《广告时代》上，文章提出：“定位，是你对未来的潜在顾客心智所下的功夫，即要将产品在潜在顾客的心目中定一个适当的位置。”即企业针对目标市场，建立一个独特的品牌形象，并对产品品牌的整体形象进行设计、传播等，从而在目标顾客中占据一个独特的价值地位的过程或行动。品牌定位理念一经提出，便受到企业家们的高度关注并被普遍采用。

企业品牌定位与城市品牌定位的共同点在于，两者都基于“定位理论”，都是要在目标消费者的心目中形成独特的形象，从而与竞争者形成差异。其区别则在于定位主体和客体方面有所不同。

（1）从定位主体的角度来看，一般企业的品牌定位是针对一个单体形式的商品，或者是一项具体服务的产品，这样的定位针对性更强，更为具体，并且过程相对简单。而城市是由很多要素组成的，一个复杂的空间组合体。城市品牌定位时所要涉及和考虑的因素很多，并且还要有一个相对较长的时间跨度，因而是一项整体、系统的定位工作。

（2）从定位客体的角度来看，消费者对品牌定位的认同周期不同。品牌定位只有得到消费者的认同，才能够达到真正的目的。“认同”需要一个购买、使用和评价的过程。由于企业产品和城市产品的复杂程度、可达性等因素的不同，消费者对其购买、使用和评价的难易程度均有不同，因此，消费者对城市品牌定位的认同，相较于企业品牌来说需要更长的感知时间，周期更长。总的来说，城市品牌定位相较于企业品牌定位更加复杂，在定位过程中，时间维度成了更加重要的因素。

（三）城市品牌定位与城市定位

城市定位是指在社会经济发展的坐标系中，综合地确定城市坐标的过程。城市是区域的核心，城市定位对城市竞争力的形成和提高，对区域的整体发展，具有重要的意义。

城市定位由定性、定向、定形和定量四个层面组成。

所谓定性是指确定城市的性质，即在详尽分析城市在区域社会经济发展中的各种职能作用的基础上，筛选出对城市发展具有重大意义的主导性和支配性城市职能。

所谓定向是指确定城市的发展方向，包括城市的发展方针、目标走向、战略模式等，这一工作是以区域分析、城市对比分析和发展战略研究为基础的。

所谓定形是指城市形象的确定。这里不仅是指城市代表性的景观特色，更重要的是指城市内在的、相对稳定的、个性化的东西。为此，必须处理好历史文脉的继承和发展创新的关系，处理好自然生态潜质和人文社会发展的关系，做到城市形象与城市灵魂、活力的有机融合。

所谓定量是指从数量的角度给城市发展以某种形式的标定，它既包括城市人口规模、用地规模的确定，也包括城市经济地位、发展水平等的科学预测和数量分析。

从对以上城市定位的含义和内容的分析中可以看出，城市品牌定位和城市定位之间既存在着不同，也有着密切的联系。城市定位和城市品牌定位，都强调以最终能够提高城市的竞争能力、促进城市的快速发展为目的，这是两者之间的联系。它们的区别则在于，城市定位力求提高城市的“综合竞争力”，而城市品牌定位强调的则是提高城市的“核心竞争力”。

城市定位是城市为了实现最大化的收益，根据自身条件、竞争环境、消费需求等的动态变化，确定自身发展的目标、占有的空间、扮演的角色、竞争的位置等。涉及的方面非常宽泛，从城市主导产业、区域功能、城市职能等的选择，到城市形象（外在和内在）、城市规模（人口、用地等）、经济地位和水平等的确定，是对城市发展的各方面系统的、全方位的定位，力求从整体的角度提高城市的“综合竞争力”。

城市品牌定位则是从确定鲜明的城市个性的角度，确定城市未来的发展方向。所谓城市的个性，就是本城市所具有的别的城市无法替代、模仿，或者模仿成本极高的品牌资源，可以是独特的自然资源、历史遗产、独具特色的文化、态度与价值观，或是产业结构优势等，即强调形成城市“核心竞争力”。

城市的“综合竞争力”和“核心竞争力”，是对城市竞争力不同层面的解释。综合竞争力强调“整体”的竞争能力，指出城市竞争力需要广泛地调动城市各界的“分力”，每一个“分力”对城市的发展都要做有益的贡献。核心竞争力强调“不可替代”的竞争能力，即城市各“分力”并不是均质的，要围绕几项具有独特优势的、能适应外部竞争的核心能力团结协作，这样才能扬长避短，使城市与其他竞争者形成差异。具有“核心竞争力”的城市必然会形成更强的“综合竞争力”。

因此，从这个意义上来看，城市定位和城市品牌定位虽然有所不同，但也有着深层的密切联系。

（四）城市品牌定位的价值

1. 城市品牌定位是城市核心竞争力的表征

城市的竞争优势来源于其拥有的难以模仿的资源。品牌产生于城市与受众相互信任且忠诚的关系中，是在长期交往中逐渐形成的，是综合能力的体现。因此，具有难以模仿、路径依赖和因果模糊的特征。品牌作为城市形象与产品品质的综合代表，既是竞争的结果，又是竞争的手段，具有地域性、关联性和有效性的特征，能够整合城市资源、降低成本、吸取与集聚生产要素，给受众带来独特价值和利益，可促进城市协调、可持续发展。因此，通过品牌竞争力的提升，可以推动城市核心竞争力的形成。

城市品牌既是城市个性化的表现，也是城市经济活力的体现。其不但可以实现受众、城市、社会三者的协调发展，而且还可以综合体现城市的核心竞争力。

2. 城市品牌定位是培育城市核心竞争力的关键

城市定位主要由定性（城市性质）、定向（发展方向）、定形（城市形象）、定量（城市规模）四个方面组成，涉及城市在不同区域空间的社会经济地位（包括社会文化联系、经济分工关系及空间区位关系等）、社会经济发展战略、社会经济发展特色三个层次。决定城市品牌定位的主要因素有历史背景、地理位置、产业发展现状、城市人口与经济规模，以及与其他城市的关联情况等。城市定位的研究理论主要有城市群理论、区位理论、比较优势理论、共生理论等。城市品牌定位的实质就是让城市在目标受众心目中占据一个独一无二的位置。城市品牌定位应具有融合性、地域性，融进本地区的环境因素，和人文因素、自然风貌构成相互依存关系，体现人们的审美取向，从而在动态中满足内外顾客的不同需求。城市品牌定位在中心战略上看重发展目标，以有明确竞争力的城市作为战略参照物，识别一个有吸引力的目标，选择有利的定位，采用相应的保护性策略，使城市竞争具有优势。在因素构成上，经济实力、产业竞争力、企业竞争力、科技竞争力是构成城市竞争力模型的核心因素，并且受金融环境、政府作用、基础设施、国民素质、开放程度、城市环境质量等因素影响。从某种意义上讲，城市核心竞争力，实际上就是特色产业的竞争优势，城市在区域分工中专注于自己最擅长的优势产业，依靠对其的持续投入，形成专业人才与信息的集聚，激发创新，从而在竞争中始终保持优势。

二、城市品牌定位的原则、视角与实施要点

（一）城市品牌定位的原则

城市品牌定位有其内在的规律性，一般以时空四维中显示的感性规定为前提，以历史内涵的发展逻辑为核心，形成极为复杂的关系。包括协调性关系，如三维空间的协调、人口环境与自然环境的协调、城市与周边地区的经济联系及城乡协调等。连续性关系，如城市实体空间的连续、功能转换的连续、社会文化历史的连续等。

同时，城市品牌在很大程度上是靠人来体现的，人既是城市品牌再现的主体，也是城市品牌评价的客体。城市品牌定位的核心思想，就是要以人为本，以更好地满足人的物质文化和精神文化需求为终极目标。中外许多城市的品牌，都是在历史的发展中自发形成的，并没有谁特意为某一城市的品牌定位或定名。但是，在市场经济条件下，随着城市竞争的加剧，就产生了有组织地为城市品牌定位的需求。在我国，率先有组织地为城市品牌进行定位的城市是成都市。为了确保城市品牌的价值，城市品牌定位必须遵从一些基本原则。

1. 真实性原则

城市所确定的品牌须符合自己的真实情况，决不能名不副实。名不副实的城市品牌，不管多么悦耳动听，都是没有生命力的，对城市的发展也是毫无意义的。

假如，一座城市拟定品牌为“现代电子城”，但是，这个城市却没有电子产业，也没有关于电子的研发机构，更没有电子学专业院校和电子学方面的名师，只是觉得“电子”富有时代感而任意命名，则会贻笑大方。所以，真实性原则是城市品牌定位的第一原则。

真实性原则意味着城市在做品牌定位时一定要务实，要切合城市的实际，不能贪大，不能跟风。

现在公认的“国际化大都市”，其主要标准概括起来为：主要的金融中心、跨国公司总部所在地、国际性机构的集中地、第三产业高度发展、主要制造业中心、世界重要的交通枢纽、城市人口有一定规模。有关国际组织曾对世界公认的“世界城市”进行评议，除伦敦、纽约、东京等几个城市外，其他城市只具备国际性城市的一部分功能。

就目前看，国内尚没有一座城市能称得上是国际化大都市，今后也不可能会有，但具备国际性城市一部分功能的城市，仅一个中国就有十几个。江苏省昆山市的定位就很实

际，20 世纪 90 年代初，昆山市充分利用紧邻上海市的地缘优势，提出“呼应浦东”“错位发展”“主动接轨”，做“上海市后花园”的发展思路，主动与上海市融为一体。在配套设施建设上，建立连接上海市中心和港口机场的基础设施；在软环境建设上，政府随时了解上海市（特别是浦东区）发展形势，学习并执行上海市的政策、管理、服务等标准；积极到上海市招商，千方百计把徘徊在上海市的企业引向昆山市；还积极利用上海市的金融、会计、律师等创业服务体系。由于能借上海市的“阳光”，同时，又有一些上海市不具有的优势，昆山市终于成为国际资本的高密度投入区。

2. 差异性原则

成功的品牌定位策略在于能制造差异、制造特色，能使品牌从竞争中凸显出来。没有个性的城市，就没有差异化竞争优势，个性是城市的魅力所在，是城市灵魂的载体。城市定位要避免趋同，应当依据自身的资源基础和可能性，尽力追求独具特色、与众不同的品牌定位。每个城市所处的自然环境不同、产业基础各异，而且经过长久的文化积淀，形成了独特的地域人文性格。因此，城市在进行个性塑造时具备了良好的先决条件。比如，巴黎作为“时尚之都”，经过了几个世纪的文化和经济积累，从罗浮宫到香榭丽舍大街，均成为引导世界时尚的独特标志。

因此，在确定城市定位视角时，应该围绕城市的特色和个性做文章。也就是说，要充分考虑城市的历史、文化、环境和产业等特点，既要保持传统优势和地方特色，又要有新的创造和发挥，从而塑造个性鲜明的城市形象。城市的个性越突出，影响的范围就越广，升值的潜力也就越大。

3. 导向性原则

已经流传的城市品牌，并不都具有积极意义。例如，国内某城市已有的建设水平和城市的地位很不相称，市民对本城市建设不满意，就讽刺地把自己的城市传称为“大县城”。无独有偶，还有的城市市民，由于同样的原因，把自己的城市挖苦为“大乡村”。“大县城”“大乡村”虽称不上为正当的品牌，但它已具有了某种品牌的性质，它也具有某种真实性和专属性，而且被相当一部分市民认同。这类品牌虽不能说完全没有积极意义，但是，它至少缺乏应有的导向性。

富有导向性的城市品牌，对广大市民应具有激励作用，能够推动城市发展。具体来说，对内应具有凝聚力，对外应具有吸引力和辐射力，它对城市的繁荣和健康发展，应具有引导作用。所以，导向性是城市品牌定位不可缺少的原则之一。有组织地进行城市品牌定位，必须考虑品牌的导向性问题。昆明市定位为“春城”、哈尔滨市定位为“冰城”、杭州市定位为“世界休闲之都”等，都直接促进了这些城市旅游业的大发展，进而又由旅游业带动了经济的整体提升。

4. 美誉性原则

城市品牌应是一个褒义词而不是贬义词。在真实性和专属性的框架内，城市品牌的美誉性越强，对城市凝聚力、吸引力和辐射力的增强越有好处。“上有天堂，下有苏杭”这一千古传颂的苏杭城市品牌，在苏杭自然景色之上又增加了一层人文景色。“桂林山水甲天下”是桂林市独有的城市品牌，使桂林市美上加美，赢得了五洲宾朋的广泛赞誉。

5. 认同性原则

一般来说，贯彻真实性、专属性、导向性和美誉性诸原则的结果就是能获得城市内外广大公众的认同。公众不认同的品牌，即使再好，也没有生命力。相反，公众认同的品牌，即使官方不认可，也会不胫而走。重要的是，有组织地为城市品牌定位时，要设法测度公众的认同程度，并设法引导公众认识趋同。

上述五项原则具有较强的内在关联性，在为城市品牌定位时缺一不可。有了这五项原则，就有了为城市品牌定位的依据。需要提出的是，在选择和评价城市品牌，需要打分进行定量分析时，是否需要对各项原则分别加权，这是需要进一步研究的问题。

6. 协调性原则

城市品牌的定位也要与城市的主导功能相协调。所有城市都是多功能的，在日常的运营过程中，城市扮演着政治实体、经济实体、生产实体、消费实体和服务实体的多重角色。然而，由于各个城市处于不同的自然状况和社会进程中，其内部功能的发展就不可能千篇一律，必然有一种或多种功能更强，成长更快，从而居于主导地位。主导功能决定了城市的性质，体现了城市的个性。因此，城市品牌的定位视角，还应与城市性质相协调，把城市主导功能的潜在作用充分发挥出来。

7. 可持续原则

打造城市品牌是一个由长远规划、阶段目标、监督管理、系统化作业构成的完整系统，是不可追求即时的城市热效应。城市品牌的定位一旦确定，必然具有一定的稳定性，因而在选择城市品牌定位视角时，就需要有一定的前瞻性，使城市品牌的定位在未来一定时期内可以引导城市的发展方向。城市品牌定位的可持续原则，还要求将城市的传统和未来连接起来，避免单纯基于历史进行定位。具有较好持续性的城市品牌，还应该具有产生较强晕轮效应的能力，使城市品牌可以惠及城市发展的各个方面。

（二）城市品牌定位的视角

选择城市品牌定位视角，是城市品牌化战略实施的关键。视角的确定既是对城市发展现状的描述，更是城市未来发展的航标。

在遵循以上原则的基础上，可从以下几个视角进行城市品牌定位。

1. 特色资源

对于城市来说，自身的资源就是实力，就是竞争力，凝聚并体现着城市的功能、理念、整体价值取向，以及由内向外的辐射力。尤其是当城市资源、功能本身与其他城市有明显差别时，将定位利益和城市特色相统一，就更容易让受众接受。城市自身资源是多种多样的，定位的依据可以是自然资源，如雅安的雨、桂林的山水等；也可以是历来人文，如历史遗迹、独具风格的文化与价值观、产业结构优势、学校教育等。每个城市应当根据自身的特色资源，在尊重自然和文化的前提下，实现自然资源同城市、文化同城市相互融合，打造独具特色的城市风格，有力地支撑城市的未来发展。

作为我国城市品牌建设的先行者——大连市，就是利用自身特色资源实行城市品牌定位的成功典范。大连市素有中国“北方明珠”之称，具备得天独厚的自然环境和宜人的气候，“环保”和“旅游”相继成为大连市的优势产业。如何整合环保和旅游优势产业，从国内众多的海滨城市中脱颖而出，是大连市城市品牌定位的关键。

大连市认真分析自身特色资源，最终把城市品牌定位的视角放在“环境”上。20 世纪 90 年代后期，大连市实施“城市环境名牌”战略，通过大规模的旧城改造和拆迁，实施了“拆墙添绿”“广场生趣”等一系列环境建设，使大连市在城市建设方面成为全国的佼佼者。

大连市正是通过对自身特色资源的利用，对城市环境的大力打造，其“浪漫之都”的旅游品牌才能孕育而生。由此看来，特色资源往往可以作为品牌定位的首选视角。“花园城市”新加坡、“水之城”威尼斯、“坡道之城”旧金山等，也都是在品牌化过程中顺应、利用和尊重富有特色的自然因素，克服伴随城市的发展变化带来的弊病、矛盾，最终找到了城市发展的合理方向，使城市原有的特色资源转换成城市品牌的竞争优势。

2. 支柱产业

支柱性产业的发展状况影响着城市的发展，也影响着城市未来功能的变化。任何一座城市都有一个或大或小的产业（含产品）集中地，区别只在于产品和产业的门类有所不同。如果某城市的某种产品稳定地拥有较大的市场占有率，对内、对外都具有较强的辐射力，能够成为支撑该城市经济发展的主导力量，那么，这种产品可以成为影响城市品牌定位的因素。例如，德国慕尼黑被称作汽车城、啤酒国，是因为宝马这一世界顶级的轿车工厂和享誉全球的啤酒工厂都坐落于此，宝马的品牌就是慕尼黑的城市品牌，而慕尼黑啤酒作为德国啤酒的代表，不仅是慕尼黑这座城市的品牌，更体现了日耳曼民族的啤酒文化，其精髓是人们在品尝啤酒的醇厚浓香时，可以领略到作坊啤酒文化所带来的激动与感慨。

3. 区位特征

区位特征对于城市而言，是指该城市与其他主要城市、相关区域的相对位置特征和空间地理关系。特殊的区位特征通常是城市形成地缘经济、地缘文化、地缘政治的重要因素，也是城市竞争和发展的初始条件。国内外许多城市都是借助区位的便利因素，确立自己品牌定位的方向，使区位特征在城市的发展中产生重要的影响。例如，重庆市被称为“山城”、武汉市被称为“九省通衢”、广州市被称为“祖国的南大门”等，就是由地理区位特征决定的。国外有名的城市法兰克福，也是因为它是欧洲的航空和铁路枢纽，形成了城市的地缘经济——物流货运。世界著名的物流公司德国敦豪的总部就在法兰克福，法兰克福也因此被定位为交通港、物流城。

4. 竞争优势

竞争优势主要是指一个城市在竞争和发展过程中与其他城市相比，所具有的吸引、争夺、占领市场以创造价值的能力，并从所具有的能力中找出一个该城市的优势“竞争性定位”。竞争性定位最大的特点是能够与竞争对手形成鲜明的对比，使自己的品牌脱颖而出，在竞争中确立自己的城市品牌地位。中国社会科学院的倪鹏飞博士提出，通过实证方法对城市所涉及竞争力的各方面指标进行评估，将评估数据作为城市品牌定位的依据。例如，成都市根据发展目标，选取了重庆、成都、贵阳等九个西部城市作为研究对象，选取 69 个指标进行品牌定位比较分析，认定成都市的人居指标相对于其他城市具有竞争优势，即将城市品牌定位为人居品牌。

5. 政策引导

国家政策引导对城市发展和目标定位有着重要的影响，能够决定城市品牌定位的走向。人们熟悉的中国澳门即是成功一例。澳门资源极度缺乏，但澳门特区政府开放赌权的特殊政策，吸引了大量的游客。还有上海市浦东区和深圳特区的兴起，也是政策引导定位的典型。

6. 历史文脉

城市品牌定位要考虑城市与历史文脉的纵向联系。城市从历史中走来，带着深深的历史传统烙印，不同的历史演绎了不同的文化，不同的地域形成了城市各自的特色。因此，要在充分研究城市历史发展的基础上，找到城市的特质，从历史、现状和未来的发展趋向对城市进行判定，寻找现代文化与传统文化的存续点和连接点，使城市品牌定位具有排他性和权威性。比如，巴黎的浪漫与休闲、威尼斯的水景与人文环境等。这些不同的定位使其城市的渊源得到延续，也使现代文化得到充分的发展。中国香港被定位为"国际化大都会"，是其历史的积淀和文化的凝结，展现了城市文化和存在功能水乳交融的状态，散发出迷人的魅力。

因此，优秀的城市品牌的诞生，是一个复杂的系统工程，要求城市经营者在城市品牌化过程中，实事求是、因地制宜、与时俱进，着眼于城市未来的地位和形象，运用系统的观点、科学的方法，遵循城市品牌定位的原则，合理选择定位视角，这样打造的"品牌"，才能切切实实地对城市发展起到积极的推动作用。

（三）城市品牌定位的实施要点

城市品牌定位是一个价值凝练、个性发掘的过程，需要按照科学的方法，从诸多形成要素中，进行综合、概括、抽象、比较、筛选和创造。同时，它又是一项具有历史性、慎重性的文化工作。

中国社会科学院经济研究所研究员李诚勋指出，根据已有的经验，做好这项工作应掌握好以下实施要点：

1. 媒体发动、代表研讨和问卷调查三种方式互动

市民的广泛参与，要靠各种媒体的动员、引导和交流。组织各界代表研讨，便于对品牌定位的选择、比较和提升。问卷调查，可扩大和规范信息源，是对品牌定位进行定量分析的重要手段。这三种方法在定位全过程中全面进行、互相推动。

2. 收集外界的评价是重要的补充手段

城市都具有开放性，城市的物流、人流、信息流，可以在较大的空间内流动，从而使外界受到它的影响。同时，外界也必然对城市给予这样或那样的评价。因此，在给城市品牌定位时，要采用各种手段和方式。可外出访谈，或通信联络，或邀请驻外地人士座谈，或向流动人口发放问卷，以及收集外地人士包括外籍人士对本市的评价等，这些都是城市品牌定位的重要参考。

3. 城市品牌的选择和创新要做到官方、专家、市民三结合

在品牌定位的全过程，官方的组织号召、专家的研究论证和市民的广泛参与，都是不可缺少的。专家的研究论证在于提升和深化品牌的内涵；市民的广泛参与在于最充分地吸收智慧和最终求得最大限度的品牌认同；官方的组织号召则是连接专家和市民的纽带，是定位全过程顺利进行的保证。

上述三个实施要点围绕的核心问题在于发掘城市的个性，并让这种城市个性为广泛的城市消费者所接受。这是各种定位问题始终围绕的核心和成功的关键。只有通过价值的凝练、个性的发掘，才能形成真正具有独特竞争优势的城市产品。这种"独特性"也只有为广大的城市消费者所接受，而不只是纸上谈兵，才能真正转化为品牌力，广为传播，深入人心。

三、城市品牌定位的类型

（一）按目标受众类型划分

根据目标受众的类型，城市品牌定位可划分为人居型、旅游型、资本聚积型和产品（服务）市场型四类品牌。

1. 人居型品牌

人居型品牌以吸引其他城市或地区的居民为目标，从而获取税收的增加，或带动房地产市场、人力资源市场、餐饮服务业等消费产业的发展，对于中小城市还可以带动其规模效应。

2. 旅游型品牌

旅游型品牌以吸引旅游者（包括商务旅游）为目标，在旅游业得到发展的同时，带动相关产业（如会展业、交通、住宿、餐饮、零售业等）的发展，并提供巨大的就业机会。

3. 资本聚积型品牌

资本聚积型品牌在这里主要指产业资本。城市凭借优越的投资环境吸引产业资本的聚积，包括重工业、"清洁型"的组装产业、公司总部、服务型公司等，也包括新企业的创办、小企业资金的注入等。大量的产业资本注入可以为城市带来巨额的税收并解决城市的失业问题。

4. 产品（服务）市场型品牌

产品（服务）市场型品牌可简称为"产品市场品牌"。产品市场品牌主要是一座城市凭借自己所拥有的独一无二的，或具有垄断地位的产品（或服务）行业，产生具有较高声誉的"原产地形象"，从而使得城市其他相关行业的产品在市场上获得附加的竞争能力，获得高的市场声誉。产品市场的发达，就会带动资本的聚积与人力资源的集中；反过来，又会提高整个城市产品的市场声誉。

（二）按资源要素划分

城市资源要素的不同，不同类型和性质的城市，在国际、国内所发挥的政治、经济或文化的作用也不同。据此，城市品牌定位分为政治型、历史型、经济型、自然地理型、文化型和特殊活动型六种类型品牌。

1. 政治型城市品牌

政治型品牌城市往往是国际性组织所在地或国家的首都。比如，比利时的布鲁塞尔就有现为“欧洲联盟”、北大西洋公约组织总部和数百个国际机构设在该地，因而有“欧洲首都”之称。

最早的城市一般都是国家和民族的行政所在地，是国家机器的一部分。今天，政治型品牌城市，往往是国际性组织所在地或国家的首都、省会等。所以，可以分为都府型和专职功能型政治城市。都府型的政治城市，如美国的华盛顿，它是一座专门作为首都而建的城市，还有如伦敦、柏林等。专职功能型的政治城市是指，具有特殊的政治功用或具有某种象征意义的城市。例如，瑞士的日内瓦云集了联合国驻欧洲办事处、国际劳工组织、世界卫生组织、国际红十字会总部等 200 多个国际机构，是一个多功能的国际政治中心。

2. 经济型城市品牌

经济型品牌城市是国际性或地区性的经济活动与资本集聚地，或工业生产中心。比如，瑞士苏黎世是历史悠久的国际金融中心与主要的黄金市场，美国底特律是世界著名的汽车工业城，而亚特兰大则是可口可乐总部所在地。我国的工业中心城市有瓷都景德镇、钢城鞍山、煤都淮南等。青岛市是通过打造海尔、海信等驰名商标来推动城市品牌的建设。

3. 历史型城市品牌

历史资源是城市文化品味的重要表现，是一座城市成为名城的一种最独特的优势。历史使城市在其发展过程中，沉积了丰厚的文化遗产与结晶，并受到一些特殊因素的影响。这样，就很容易形成独特的城市特色，从而保留城市本身的历史痕迹，就成了城市个性化的特征。

以历史资源为主导因素塑造的城市品牌可分为三类：

（1）历史人物型品牌城市，多为重要历史人物的籍贯地、故地或者城市以其姓名命名，如湖南省韶山市、广东省中山市等。

（2）历史事件型品牌城市，多为历史上著名事件的发生地或涉及地。比如，“诺曼底登陆战”的发生地——法国诺曼底市，曾遭受原子弹袭击的日本广岛市和长崎市，欧洲文艺复兴运动的中心——意大利佛罗伦萨市等。

（3）历史遗迹型品牌城市，多为历史重要遗迹的沉积地和保存地。比如，意大利罗马市和希腊雅典市、中国的西安市和洛阳市等。

4. 自然地理型城市品牌

自然地理资源是城市品牌形成的基础和源泉，也是城市品牌差别的本原要素之一。自然地理型城市品牌主要是源于自然地理环境的独特优势，包括气候、地质、地形与地貌、水系，以及其他自然资源。比如，意大利的“水城”威尼斯、中国的黄山等。

以自然地理为主导因素塑造的城市品牌可分为两类：

一是旅游型品牌。旅游型品牌城市是指以旅游业作为城市经济的主要支柱，并以旅游业的发展作为城市根本动力的城市。比如，美国夏威夷的火奴鲁鲁，这个太平洋上的璀璨明珠，知名度之高，远胜过美国的许多州府。其人口不足40万，但每年来此度假览胜的世界游客高达800万之多。

二是交通型品牌城市。其依靠优越的地理位置，成为国内或国际性的交通要道。例如，德国的法兰克福是欧洲最主要的国际航空港之一。新加坡因其地处连接印度洋与太平洋的咽喉——马六甲海峡，而成为世界上最大的集装箱码头和最主要的海港之一。我国的郑州市、武汉市，也都是国内的交通中心城市。

5. 文化型城市品牌

城市是文化的载体，文化是城市的灵魂。文化综合反映了城市各个方面的成就。文化型品牌城市都具有独特而古老的文化遗产与传统，或代表了时代潮流而地位显赫，或是现代科技教育特别发达。比如意大利威尼斯，就是以其瑰丽的中世纪建筑、丰富的历代艺术珍品和奇特的“小城”风貌而闻名于世。文化型品牌城市还可以具有独特的文化遗产与传统，如“音乐之都”维也纳、“时尚之都”巴黎、古典园林之城苏州等。

6. 特殊活动型城市品牌

富有特色的文化经济活动，特别是会展节庆活动，是城市品牌形成的重要资源和要素。许多城市都着力打造“特色活动”，通过这些活动来聚集目光以达到塑造城市特色、宣传城市形象的目的。这些富有特色的人文活动作为城市的文化行为符号，在正面意义上，促进了城市品牌的形成和推广。最为显著的例子就是，奥林匹克运动会的主办城市，就具有这种“特殊的城市识别力和魅力”。法国南部小城戛纳由于一年一度的国际电影节而被视为“影坛圣地”，还有山东省潍坊市的“风筝节”、珠海市的“航展”、宁波市的“服装节”，都是一种城市品牌的创作典范。此外，一次重大会议的召开、一部著名电影的拍摄、一支球队的夺冠等具有巨大影响力的人文活动，都对城市品牌起着积极的刺激和孵化作用。

当然，不同于其他的品牌分类，城市品牌的类别界限并不绝对化，而且还存在一定的交叉和重叠。以北京市为例，其城市“特有资源”相当丰富。它既可以归为政治型城市品牌，又可以属于文化型城市品牌，还可以分在历史型城市品牌之列。单就就历史型城市品牌，它又可以同时满足历史事件型城市品牌和历史遗迹型城市品牌的条件要求。

四、城市品牌定位的流程

城市如同产品一样，在发展过程中，都不可能满足所有消费者的需求和欲望，只有集中于有限的城市消费者市场，才有可能在目标市场上形成竞争优势。城市品牌定位可运用 STP 战略进行准确的品牌定位，确定适合自己城市发展的目标市场，从各方面培养和强化自身的特色，塑造特定的城市品牌形象，以求在顾客心中形成一种特殊的印象和偏好。

因此，城市品牌定位的流程包含城市消费者市场细分、城市目标市场选择和城市品牌的具体定位三个阶段。

（一）城市消费者市场细分

城市品牌定位的市场细分是指根据城市消费者的不同需求和特点，把城市消费者划分为若干个具有相似需求、可以识别、规模较小的消费者群体的分类过程。城市消费者市场通过细分，被区分为不同的子市场，任何一个子市场的城市消费者都有相类似的消费需求，而不同子市场的城市消费者则存在需求的明显差异。

细分市场的出发点，是辨别和区分不同消费需求的城市消费群体，以便更深刻、更细致地识别某一部分城市消费者的需求，从而寻找与城市资源条件相适应的城市消费者市场。只有通过市场细分，每座城市才有可能创造出更适合目标消费者的城市产品和服务。

城市的目标受众有四类，即新居民或雇员、产业和投资者、旅游者、产品与服务市场。因此，城市消费者市场可分为四个细分市场：新居民或雇员市场、投资者市场、旅游者市场、产品与服务市场。

1. 新居民或雇员市场

城市对新居民或雇员的吸引力，往往取决于其价值实现的可能性。一个非常易见的两难境地：城市发展需要一定的人口数量，但是，新居民和雇员又加重了城市的负担。从经济学角度加以考察，这其实是一个利润平均化的过程，正是因为具有吸引力的城市存在更大的效用空间，具有较多价值实现的可能，原先处于恶劣环境的人们才不辞辛苦地挤进来。在此作用下，“马太效应”同样可以在城市发展中发生，大城市越来越成为各种经济因素的集聚体，从单个城市扩大为卫星城市网络，继而发展为城市集群，而中小城市则在生存线上挣扎，一些小城镇甚至缺乏必要的专业人士，如医生等，其发展前景堪忧。

是否吸引新居民或雇员，如何控制规模等，都需要慎重选择和思考。从扩大城市规模的角度来看，城市如果想要吸引新居民或雇员，则必须构建适宜的人居环境，并根据不同阶段的消费群体特征，完善相应内容的建设，如吸引年轻家庭，尤其需要关注教育和安全方面的问题；对于年老家庭，文化、游憩等休闲设施则是其需要考虑的主要方面。

2. 投资者市场

对投资者而言，他们关注较多的是投资环境与投资风险，这也是为何许多学者不厌其烦地研究国家与地区的投资环境与风险问题的原因。几乎所有的中国城市都非常注重招商引资，因为大多投资者对城市的选择，不仅会给城市带来资金和就业机会，还可以通过他们对城市的信心，影响其他企业对城市的选择。中小企业对城市的发展和经济增长有重大的意义，它们对缓解城市的就业压力和社会矛盾做重要的贡献，广泛而发达的中小企业群体，是城市社会稳定与高速发展的基础。城市在面对投资者细分市场时，要根据城市整体发展目标对产业进行取舍。

一般而言，大城市实施多元化战略，中小城市实施专业化战略，高等级城市占据更多的朝阳产业和高端市场，低等级城市选择相对最佳的产业部门等，这都是当前各城市为吸引投资者采取的战略决策。

3. 旅游者市场

旅游者市场对城市经济的贡献，主要体现在数量和质量两个方面。数量取决于旅游总人次的规模大小，质量则取决于单位旅游者的花费和停留时间两个指标。

国外的很多城市设有独立机构对旅游者市场进行专门营销，因为商务旅游相较于大众化的休闲旅游，能够带给城市更大的收益。因此，开展商务旅游和会展活动的机构往往较多。美国城市的会议与观光局系统认为，自己吸引的是以商务旅游为代表的高端市场，它对城市经济的贡献率高。国内城市大多设有旅游局之类的管理机构，对旅游者进行招揽。但是，尚未对两大群体进行细分。随着经济发展水平的提高，商务旅游高端市场的潜力开始凸显，业内人士也开始关注会展业的发展。城市旅游细分市场的特点在于其高流动性。因此，如果定位于该细分市场，则对其市场规模、需求特征、竞争地位等因素，要进行全面的分析和慎重的考虑，偶然性不能太强，否则，导致的直接后果就是设施过剩，造成城市资源的浪费。

4. 产品与服务市场

一般来说，消费者对某城市生产的产品具有总体性认知。这种认知源于消费者长期形成的对该城市生产和营销的印象、体验和感受。这种总体性认知，将影响消费者对来自该城市的其他企业品牌的评价，进而影响其购买倾向，即所谓的“原产地效应”。某品牌原产地给市场长期塑造某种形象，消费者就会对该城市品牌形成固有认知模式。

因此，品牌原产地形象是城市品牌的信誉，是长期形成并且难以轻易改变的。比如，德国是世人公认的“处事严谨的国家”、捷克是高档玻璃制品的盛产国、法国是时尚潮流的发源地等。如果来自这些城市的新的企业品牌想要进入市场，例如，德国的精密仪器企业、捷克的玻璃制品企业、法国的时装企业等，都会得益于“原产地效应”，而更容易为世人所接受。

（二）城市目标市场选择

选择城市目标市场时，首先要确定目标市场的评价标准，即选择依据。在城市目标市场选择依据的基础上，对城市目标市场进行选择。

目标市场的选择依据，也就是如何评价细分市场的问题，即如何确定该细分市场是否能够成为城市品牌定位最终的目标市场。

主要的选择依据有三个方面：

（1）目标市场对产品的评价标准。即要了解城市产品的消费者所感兴趣的最大偏好和愿望，以及他们对优劣的评价标准是什么，以努力搞清楚消费者最关心的问题作为定位决策的核心依据。

（2）竞争者的定位状况。即要了解竞争城市在提供何种产品和服务，在目标市场心目中的形象如何，并估测其成本和品质情况。城市一方面要确认竞争者在目标市场上的定位，另一方面要正确衡量竞争者的潜力，判断其有无潜在的竞争优势，这是定位的重要依据。

（3）城市在目标市场潜在的竞争优势。城市要先确认自身资源是否能够满足目标市场对城市产品的要求，并且了解城市潜在的竞争优势是什么，然后才能准确地选择目标市场。

城市目标市场的选择过程，是一个全面系统的分析过程，也是城市对自己的全面审视和认识过程。

城市目标市场可以采用SWOT定性分析方法和主成分分析方法进行选择。

SWOT是一种常用的战略分析方法，通过对内部能力——优势和劣势，以及外部环境——机遇与挑战的分析，可以找到相应的城市品牌定位和战略对策。在外部环境的分析中，可以明确城市消费者对于城市产品的要求，以及竞争者所拥有的竞争资源等。在内部能力的分析中，可以衡量城市自身的资源状况、潜在竞争优势等。通过内部能力与外部环境的匹配和比较，最终可决定城市目标市场的选择。

主成分分析法是将多个变量化为少数综合变量的一种多元统计分析方法。通过对城市品牌资源进行主要成分分析，可以将城市资源与竞争对手的资源进行对比，从而确定城市的竞争优势，再加上对目标顾客群体需求的分析，就可以确定城市目标市场的选择。

（三）城市品牌的具体定位

城市品牌的具体定位，就是根据目标市场的特点，以及城市自身条件，为城市在目标市场上确定一个适当的位置，在城市消费者心中树立起特有的城市形象或个性特征的过程；也可以说，城市品牌的具体定位，是选择和制定定位策略的过程。

城市品牌的具体定位可以分为开拓性定位、竞争性定位和补充性定位。

1. 竞争性定位

把城市品牌定位在与竞争者相似的位置上，以便同竞争者争夺同一细分市场。实行这种品牌定位战略的城市，必须具备以下条件：

①能比竞争者提供更好的城市产品。

②该市场容量足够吸纳其所生产的产品。

③比竞争者有更多的资源。

④市场位置与城市的特点、信誉相适应。

例如，阿联酋的迪拜把一些举世闻名的特色城市作为竞争者，把自己的城市称作“沙漠上最令人兴奋的城市”，与其他城市展开直接竞争。

“它有最美丽的海滩，但不在澳大利亚；它是世界上最安全的城市，但不在新加坡；

它有丰富的城市旅馆和极好的海滩去处，但不是雅加达和巴厘岛；它有世界级购物中心，但不是中国香港地区”。通过这些描述，迪拜的城市营销人员把这个中东的商业和旅游中心给旅客的感觉进行了形容，给人们想象的依据。

2. 开拓性定位

当城市意识到自己无力与其他强大的竞争者相抗衡，从而获得绝对优势地位时，可根据自己的条件取得相对优势，即突出宣传自己与众不同的特色，在某些有价值的城市产品属性上取得领先地位。

比如，威海市，这个过去曾经因为军港而多少带一点神秘感的城市，通过参与一系列的国际城市认证，取得了“最适合于人类居住的城市”这一市场的领导地位。中国自然条件比威海市更优越的城市还有不少，同样，也有不少适合人类居住的城市。但是，像威海市这样，把握住城市独有的产品特色、在目标市场消费者心目中积极地突出这一独有特色的城市则不多。

3. 补充性定位

寻找新的尚未被占领的但为许多消费者所需求的市场进行定位。这种定位战略通常有两种情况：

一是未发现的潜在市场，即营销机会没有被大家发现。在这种情况下，城市较容易取得成功。云南省的中甸县，成功地把县名改成了香格里拉，把传说中的美丽人间仙境引入到自己的城市品牌上。现在，香格里拉已经是闻名遐迩的旅游胜地，中外游客神往不已。

二是许多城市发现了这部分潜在市场，但无力去占领。这就需要有足够实力才能取得成功。同样是针对旅游者，可以向他们提供一些其他城市无法提供的产品和服务。

第三章 城市品牌识别系统

为了增加城市的知名度，每座城市都需要有一张富丽堂皇又实实在在的“名片”，而城市名片的设计则需要全新的理念和方法。企业形象识别系统（CIS）设计作为一种组织识别系统的设计，根植于社会心理学、传播学、战略学、经济学、管理学等诸多学科，运用了系统论、信息论、运筹学等多种基本原理和方法，它所包含的形象设计思想非常富有启迪性。它首先在企业中得到了广泛应用，并取得了骄人的业绩。如今，CIS 理论的运用不再局限于企业，在城市形象设计、社区形象设计、个人形象设计等方面也显示出了强大的威力。作为城市形象设计的重要工具，城市形象识别系统的规划与实施，可提高城市的整体素质，扩大城市知名度，从而产生良好的社会和经济效益，它已经成为一个树立形象、规范行为、提高景观效果的综合系统。城市形象识别系统的核心是形象识别，着眼于把城市理念等形象要素信息进行编码，集合成城市理念识别、城市行为识别和城市视觉识别三个有机组成部分。城市理念识别就是设计并制定具有鲜明个性的城市经济文化发展战略、城市精神和城市意识。城市行为识别就是设计城市政府行为，包括保护自然环境和历史文化，设计与引导市民行为，和城市社会活动等。城市视觉识别就是设计城市标志、城市空间形象等。

第一节 城市品牌识别的缘起

一、企业形象识别的发展对城市的启示

企业形象（CI）是英文 Corporate Identity 的缩写。Corporate 有法人、团体、公司（企业）等含义，它可以泛指一个组织。Identity 有三个含义，一是证明、识别之义；二是指同一性、一致性；三是指恒久性。CI 译成中文，可以译为“企业识别”“企业特征”“企业身份”等。把 Corporate 的含义囿于“企业”，反映了 CI 最早是在企业中出现和兴起的。这是因为，企业是经济系统中追逐利润最大化的主体，对自身行为（包括形象）较为重视。早期

的 CI 理论，只是侧重于在经营活动中以统一化的图形或数字等形象符号加强视觉识别，以达到区别于其他公司的目的。

与此相对应，早期的 CI 设计开发实践中，主要强调视觉传达的标准化，强调使用简单统一的标志、图案、字体和色彩等视觉要素。到了 20 世纪 60 年代以后，工业化大生产使得产品开始出现趋同化的倾向。此时，仅靠单独的视觉识别已不能满足经济和社会发展的需要。因此，企业开始注重整体的、全方位的、系统的识别设计。于是，企业识别（CI）延伸发展到企业识别系统（CIS）阶段。企业识别系统（CIS）是 Corporate Identity System 的缩写，也称为企业形象战略。从语义学和应用范围来看，由于 Corporate 一词本身的含义较多且 CIS 的应用范围较广，因此，可以把 Corporate Identity System 译为组织识别系统或组织形象战略。

与 CI 初期相比，CIS 更加强调组织识别的系统性和战略性。它是一个社会组织（包括城市、社区、企业等），通过统一的理念识别设计、视觉识别设计和行为识别设计，在一个相当长的时期内，立足于运用整体传播沟通系统，让公众接受关于组织理念、组织行为等多方面统一的信号，最终使社会公众产生认同感和树立共同价值观，以达到塑造组织形象的目的。

中国在引进 CI 理论时，行动最早的也是企业。比如，健力宝集团、李宁公司等。随着时代的进步，其他类型的组织逐渐引入了形象识别系统，主要包括城市、社区、开发区、学校等。例如，天津市经济技术开发区（TEDA）在导入 CI 系统之后，获得明显成效。在城市形象设计方面，广州市花都区最早开展城市形象设计工作，极大地提高了花都区的吸引力和凝聚力，推动了该地区经济持续高速发展。其后，陆续有广东省兴宁市、四川省成都市、浙江省金华市、河北省邯郸市，以及重庆市等，纷纷尝试进行城市形象设计工作。但是，目前的城市形象识别系统，大部分停留在视觉识别层次上，只是强调了城市标志物和市标等宣传品的设计、城市建筑风格的规范与统一、城市街道等空间布局的规划等。这与 CI 历史发展的早期极为相似。

我们知道，视觉识别只是形象识别的表层要素，成功的形象识别更多地依赖于独特的理念识别。因此，在城市形象建设实践中，针对仅从视觉识别来设计城市形象效果不佳的情况，城市的行为识别和理念识别的重要性，逐步被人们所认识。美好的城市不仅要有令人赏心悦目的城市面貌，还应该有方便舒适的生产和生活环境、健全和完善的城市功能、深厚的历史文化底蕴等。塑造美好而令人难忘的城市形象，既要重视城市空间环境的艺术创造，又要考虑功能的适用性，充分体现人文关怀，全面反映城市的勃勃生机与活力。

📖 二、城市形象识别系统的基本特征

作为一个新兴领域与新兴学科，人们在对 CIS 实践总结的基础上，提出了不同的定义，从不同的方面揭示 CIS 的本质。随着 CI 理论在城市形象领域内的广泛应用，CIS 的含义逐渐得到了拓展。

因此，城市形象识别系统具备了多重含义和特征。

城市形象是建立在城市本身固有的特征之上的，它是城市社会、政治、经济、文化等客观因素的综合反映。城市形象识别系统的标识主体是城市，而城市是一个大的系统，包括城市建筑、街道、公园、广场等客观性要素，还包括城市色彩、市民行为、形象广告、文化传统等主观性要素。因此，城市形象识别系统具有综合性的特征。

在信息化时代，公众如何把各个城市相互区分开来呢？也就是说，城市如何在公众心目中留下深刻的印象呢？

如果不进行城市形象识别系统的设计，公众很难从纷繁复杂的城市系统中接收到清晰可辨的要素信息，也就谈不上把握它们背后所蕴藏的统一的城市形象。

城市形象识别系统设计的第一个步骤是对城市发展状态进行调查与把握，其后才是提炼城市理念并进行编码。离开了城市客观事实的城市形象识别系统，是无源之水，是不可能最终为公众所认同的，也谈不上塑造出良好的城市形象。城市形象识别系统的一个重要功能，就是通过统一的信息编码，使各个要素所传达的信息是统一的，使公众在统一的信息冲击中，把握住城市形象，最终实现与其他城市相区别的目的，给公众留下鲜明而独特的综合印象。

城市是社会经济网络中的一个“节点”，是区域经济中的一个“增长极”。城市的发展和城市形象的塑造，都是在城市与社会之间的相互作用中实现的。因此，城市形象识别系统又一个重要的特征就是社会性。也就是说，城市应该从社会发展的要求、从区域经济的角度，来确定城市功能，在促进区域发展的同时谋求自身的发展。

从社会群体的角度来看，城市形象识别系统的作用在于证明、验明和识别。在城市形象识别的设计过程中，通过确定城市形象战略，制定具体可行的行为规范，使得具有不同价值观、不同利害关系和不同行为准则的个体归属于同一个城市群体，并从整体上显示出城市特有的价值取向和发展理念，从无序中导出有序，这是城市形象识别系统设计所具有的归属化、一体化的功能。

城市形象设计的目的在于让公众识别。在公众每天接收到无数信息的背景下，独特性决定了城市识别系统所传递的信息能否让公众产生兴趣并牢牢记住。城市形象识别系统产生于标识主体自身的独特性和个性，没有个性的东西就没有存在的价值。

从社会心理学的角度而言，群体的同一性来源于个体的个性特征，群体的识别与归属，是个体的个性特征的延伸与投影。我们可以把整个群体的行为活动和行为准则视为个体特征的扩大。城市个性是城市形象的灵魂与核心。因此，发掘并彰显出城市个性，是城市形象设计全过程中的指导思想。在进行城市形象识别系统设计时，需要确定城市在区域经济中独特的形象定位，确定独特的城市理念、独特的行为识别和视觉识别要素。没有个性，就意味着没有特色，也就无法与其他城市区分开来。城市形象趋同，会导致城市之间在低层次展开过度竞争。可以说，没有个性的城市是难以生存下去的。

由于公众对城市形象认同的过程需要一定的时间，需要城市形象设计者和管理者做出长期不懈的努力，不可能指望立竿见影。也就是说，城市形象设计者必须立足于长远，具有战略眼光。迈克尔·波特（M.Porter）认为，战略的核心在于营造和维持差别优势。发挥城市所固有的超乎对手而又能为公众所认同的战略优势，是制定城市形象战略措施的目的之所在。差别优势是回避竞争和成功塑造城市形象的关键。

第二节　城市形象与城市品牌识别的比较

城市形象与城市形象识别系统是两个不同的概念，两者之间既相互区别又相互联系。

一、城市形象与城市形象识别系统的区别

城市形象作为一种城市风貌的美学性表述，有着极为丰富的内涵与外延，一般包括城市精神形象和城市物质形象两个方面。

城市精神形象是指城市理念、市民行为、人际关系、精神状态、艺术品位、道德意识、文化教育等内容。它反映着一座城市的精神和人文境界。城市物质形象是指建筑设施、空间环境、道路交通、生活消费、经济发展等内容。它往往直观地反映出一座城市的物质生活环境和消费条件。

优化的城市形象是在物质形象和精神形象高度和谐的基础上的产物。城市形象作

为社会公众（包括内部公众和外部公众）对城市的认识和评价，它比较注重公众的感觉、知觉、认识、记忆等心理过程。

相比较而言，城市形象识别系统则是由理念识别系统（Mind Identity，MI）、行为识别系统（Behavior Identity，BI）和视觉识别系统（Visual Identity，VI）三部分构成，具有比城市形象更具操作性的特征。

城市形象识别系统是城市在社会经济结构和城市网络中的特定地位和个性化特征的表现。它是通过不同传播方式，使公众对城市产生认同并树立共同价值观的结果。城市形象识别系统，首先注意的是城市理念和价值观要素的维护，以及城市传播过程中信息的统一性，其次才是理念识别系统统摄下的行为识别系统和视觉识别系统。

二、城市形象与城市形象识别系统的联系

城市形象识别系统是塑造城市形象的重要手段。塑造城市形象是为了实现城市识别，是城市识别系统设计的目的所在。城市形象与城市形象识别系统之间有着很强的联系。

城市形象是城市形象识别系统设计的起点。城市形象识别系统是一种逆向的思维方式。它首先是城市提出希望在公众中树立一个什么样的形象的问题，然后将构成城市形象的各种要素进行编码，再转化成统一的视觉识别系统和行为识别系统。按照这些要素的要求来协调市民行为和调配城市有形要素，借助信息传播把城市形象准确而又清晰地展示给公众。通过信息传播者和接收者之间反复的交互作用（即信息的传播与反馈），公众不断地对城市进行认知和评价，最终可以达到塑造城市形象的目的。由此可见，城市形象是城市形象识别系统设计的起点。没有城市形象，就无法进行城市形象编码及其后续的工作。同时，城市形象又是城市形象识别系统的终点，是城市形象识别系统设计的最终结果与目的所在。

此外，城市形象识别系统也是塑造城市形象的有力手段。

城市形象识别系统不仅停留在对城市现有形象的传播，更重要的是，它是新型城市形象塑造的有力手段。城市形象识别系统为城市形象与社会经济变迁二者保持动态调适关系提供了有力的帮助。在传播城市形象的过程中，城市并不是被动的，相反，它占据积极主动的地位。这种积极主动表现为城市形象识别系统对城市形象构成要素所进行的统一化和系统化处理。依靠城市理念识别、行为识别和视觉识别三大系统的融合，城市形象识别系统构成了一套完整而独特的符号系统，增强了城市形象的表达力。在城市

形象识别系统设计过程中，要求城市不断地审视自己的发展理念、行为规范和城市组织机构等方面的内容，并且要把公众的需求放在第一位。这些都是成功塑造良好城市形象的关键。

第三节　城市品牌识别系统的构建

一、城市形象识别系统的三大组成部分

城市形象识别系统是城市理念识别系统、行为识别系统和视觉识别系统三者协调运作的整合性成果，是三者的有机统一体。城市理念识别系统、行为识别系统和视觉识别系统三者相互协调和相互作用，共同达成了城市与公众之间的有效沟通。塑造城市形象时需要所有要素的共同作用，三者缺一不可。

理念是一个抽象的概念，它包括观念、指导思想、文化、道德、伦理等多方面的内容。城市理念识别系统，可以定义为推动城市发展的团体精神、行为规范和指导思想的统一化的集合。它是城市在各类活动中秉承的价值取向的总和，是形成城市个性的基础。城市理念识别系统，包括城市使命、城市管理哲学、城市行为准则三个方面的内容。城市使命主要是确定城市存在的意义、城市在社会分工中的地位，以及城市在社会范围内的独特定位。城市管理哲学反映了城市所奉行的价值取向和指导原则。它决定了城市对各项活动的取舍，决定了城市面对各种机会时的决策和选择，确定了城市发展的方向。制定城市发展战略和进行城市产业结构调整，是城市管理哲学中最重要的两个方面。城市行为准则是指城市内部各种行为主体（包括市民和市内的各种组织）应当具备的基本心理和活动状态，表现为规范化的准则、制度、规定等。它是保证行为主体的个体价值取向与城市整体价值取向一致的制度安排。

城市行为识别系统是指城市及其市民和城市内部组织机构在实际活动与具体操作中，规范化、协调化、统一化的行为总和。城市行为识别是城市理念识别的具体体现。城市理念中的价值判断决定了城市活动类型、产业结构调整、行为方式选择等方面的内容。

根据信息传播渠道和传播的性质不同，可以把城市行为识别系统分为对内行为识别和对外行为识别两方面。一方面，对内行为识别是将城市理念推广、普及至内部公众的所有行为中，主要包括城市内部组织传播和组织行为规范，而内部组织传播是城市以及

城市行为主体之间的信息沟通；组织行为规范则是指城市行为主体应该遵守的一些限制和规定。具体而言，对内行为识别包括市民教育、城市环境营造、交通行为规范等多方面内容。对外行为识别则是把编码后的信息统一传播给与城市有关的外部行为主体，引导他们做出越来越适合城市发展的决策。

城市视觉识别系统是指纯属视觉信息传递的各种形式的信息的统一化，它是静态的识别系统，是城市理念的外在表达。在整个城市识别系统中，城市视觉识别囊括的项目最多，层面最广，效果最直接。城市视觉识别系统包括实体要素和属性要素两大类。实体要素是指构成城市实体的实物以及由它们围合、波及或统治而成的城市空间。它是客观存在的能被直接感知的因素，包括城市建筑、地形地貌、城市布局、街道、广场、公园、路标、轮廓线等多方面的内容；属性要素则是附加在实体要素之上的属性，如空间形态、形状、色彩、质感、亮度等。实体要素是视觉识别设计的具体操作对象，属性要素是城市设计的基本语言。

此外，识别系统还有听觉识别系统、嗅觉识别系统等。实验统计表明，人在接收外界信息时，83% 的信息来自视觉，11% 的信息来自听觉，3.5% 的信息来自嗅觉，1.5% 的信息来自触觉，1% 的信息来自味觉。由此可见，视觉识别在整个城市识别系统中占有重要的地位。视觉以外的器官接收的信息也是不容忽视的，尽管它们占全部接收信息的比重较小，但是，它们可以帮助提高视觉接收的效率。研究表明，视觉单独接收的信息，记忆保持时间在三天以上的只占 20%，听觉和视觉相结合所接收到的信息，三天之后仍记得的占 65%。由此可见，视觉以外的感官的作用意义重大。因此，有人认为，除了城市理念识别系统、行为识别系统和视觉识别系统之外，在城市形象识别系统中，应当再添加听觉识别系统和嗅觉识别系统。听觉和嗅觉的识别是最直接、最自然、最轻松的信息感受过程。它们都是在潜意识指导下进行的，故而异常敏锐。听觉、嗅觉和视觉等多种感觉器官综合运用的效果，远远大于单独运用某一种器官的效果之和。在城市识别系统中，公众接收到的听觉信息很多，如城市广播、市民语言、钟声，汽车喇叭声、工厂轰鸣声等。公众接触到的嗅觉信息也很多，如公园里的花香、臭水沟里的臭味、工厂废气和垃圾堆的异味等。在这些听觉与嗅觉信息中，有一些可以帮助在公众心目中塑造城市良好的形象，有的则正好相反。在城市形象设计过程中，应该充分予以注意。

二、三大识别系统的逻辑关系

尽管城市理念识别系统、行为识别系统和视觉识别系统三者之间是紧密相连的，但是，这三者并非是在同一水平层次上的关联。理念识别系统是形象识别系统的核心，是最为根本的东西，而行为识别系统和视觉识别系统是理念识别系统的具体的外在化表现。它们之间的关系类似金字塔形。

城市理念识别系统是形象识别系统的基础。它是城市在长期发展过程中形成的具有独特个性的价值体系，它决定着城市形象的差别，确定城市功能、性质、指导思想、发展宗旨等多方面的内容。理念识别系统中的价值体系，对城市所有行为识别和视觉识别要素设计都具有指导意义。理念识别系统对行为识别系统和视觉识别系统具有统摄作用。在行为识别系统和视觉识别系统的设计过程中，都必须贯彻识别系统中的指导思想。行为识别系统是城市理念的动态表现，是所有反映城市理念的行为活动的总体集合。它规范着社会的一切活动，实际上是城市的所有运作模式的统一。城市视觉识别系统则是城市理念的静态表现，是所有反映城市理念的实体要素和属性要素的集合，是城市形象设计的外在部分，是城市形象最外露、最直观的表现。

理念识别系统又是城市形象设计的逻辑起点。在城市形象设计过程中，首先进行的是城市实态调查，然后是城市形象定位，提炼出城市理念的内容，确定城市使命和城市价值体系。下一步工作就是把城市理念转化为公众所能接受的信息符号，即编码。

信息符号包括两大类：一类是动态的行为，如城市展览活动、礼仪庆典活动、招商活动等；另一类是静态的实体要素，如建筑、街道、广场、绿地、雕塑等。前一种编码也就是城市视觉识别系统设计。从这个角度来讲，城市理念是CI设计的逻辑起点和基础工作，城市视觉识别系统设计和城市行为识别系统设计是城市理念的逻辑延伸和后续环节。

城市理念识别系统也是公众认知的终点。公众在认知一个城市时，首先接触到的是城市的具体实物和各项活动。由于经过了整体的行为识别系统设计和视觉识别系统设计，公众所接受到的信息是统一又富有个性的。在信息不断地冲击下，经过大脑的感觉、感知、记忆、认知、评价过程，由感性思维上升到理性思维，最终把握住城市理念的真正内涵，形成对城市的印象。在此之前，公众大脑接收来自行为识别系统和视觉识别系统的信息数量众多，但是容易遗忘，不能持久。只有在形成城市综合印象以后，公众所把握到的信息才是深刻的、持久的。因此，从这个角度来说，城市理念识别系统是公众认知的终点，是城市形象设计的目的所在。城市行为识别系统和视觉识别系统是公众认知的起点，充当了公众认知城市理念的中介。

📖 三、导入城市形象识别系统的成功之路

在城市建设中，导入城市形象识别系统是21世纪城市发展的新动力。作为一种城市发展战略，城市形象识别系统设计的目标是建设高品位的城市环境，创造宜居城市和增强城市经济活力，使城市居住者自豪，使来访者羡慕，使外来投资者满意。一个现代化的城市一般具有合理的布局、有序而高效的运行机制，以及富有个性的城市风貌，而这一切可以通过CIS来完成，否则，人们将会付出较大的代价。城市形象识别系统也有利于改善投资环境，加强对外开放，树立城市精神，改善市民心态，形成良好的城市发展氛围，带动整个城市综合功能的增强，提高城市综合竞争力。

要想成功导入城市形象识别系统，需要注意四个方面：一是要讲求科学决策，尊重科学，实事求是，建立合理的程序。二是必须由城市政府牵头，各部门分头负责，有关专家共同参与，成立专门的城市形象识别系统工作委员会，充分发挥各方面专家的作用，要求专家及时提供资讯并具体指导和从事设计工作。三是积极动员广大市民参与，广泛听取公众的意见，既吸取各方的智慧，又进行必要的宣传教育，创造认同、爱惜、保护城市形象的社会基础。四是在具体项目的实施中，要开放市场、公平竞争，避免造成浪费。

塑造城市形象不仅仅是一个形象产品的生产、制作过程，而且在这个过程中，形象产品的进行维护和保持，因而城市形象管理的作用显得特别重要，尤其要加强法制宣传和教育，既要规范政府、企业和市民的行为，把人为因素对城市形象的消极影响控制在最小限度，又要降低和减少自然力的作用，保护城市形象的清晰、鲜活和原汁原味。

大连、厦门等城市发展的经验向我们展示了城市形象的魅力和风范，印证了导入城市形象识别系统设计是塑造高品位城市环境的成功之路。

大连市以“不求最大，但求最佳”为城市建设的基本原则，以“北方的香港”为目标，通过十大文明工程、机关干部星期六义务奉献日活动等，提高了大连城市形象。厦门市通过市政广场、白鹭洲文化休闲中心、航空港、环岛路等十大城市形象工程的建设，大大改善了厦门的形象。无锡市明确提出体现现代文明特色的“四化”目标——绿化、美化、净化、现代化，重点实施“五大形象”基础工程——交通枢纽工程、公用设施工程、城市环境工程、小康居住工程和城市管理工程，着力打造“美的空间、人的乐园”的理想境界。

第四章 视觉符号与城市品牌形象设计

在经济和文化迅速发展的今天，信息成为比物质和能源更为重要的资源，以开发和利用信息资源为目的的信息经济活动，逐渐成为国民经济活动的主要内容。因此，信息传播方式的多样化和有效性，是社会能持续发展的客观要求，影响着人们的生活方式、行为方式和价值观念，有力地推动了经济和社会发展。城市形象是社会发展的时代标志，体现了当时的政治、经济和文化特征。美国著名的城市规划权威凯文·林齐曾提出的这个问题，任何人都知道什么是一座好城市，但是如何才能造就一座好城市？城市视觉符号作为城市信息的载体，是塑造城市品牌形象的动力，那么这种符号文化对城市的发展一定会起到非常重要的作用。

第一节 城市视觉符号的概念与特征

一、城市视觉符号的概念

《现代设计辞典》对视觉符号（Visual Sign）解释："它是使抽象信息的传播得以实现的可被视觉所感知的符号。视觉符号是符号中的一种，具有符号的一切共性。它的主要特点是：①具有确切的、与欲传播的信息完全相同的内容；②具有诉之于视觉的形式。它是视觉传播的主要手段。属于视觉符号的有：照片、图表、图形、图像、箭头、文字与图形文字等。"[1]

广义上的城市视觉符号应该囊括了城市所有的二维和三维物象符号，包括城市标志、城市导识、城市色彩、城市空间环境等。狭义上的城市视觉符号是视觉传达意义上的城市视觉符号，包括城市标志、城市象征物等。城市视觉符号是城市视觉识别系统的核心，通过符号化的文字、图形、色彩等视觉元素，将复杂的城市信息简约地、理性地、条理地、有序地传达出来，从而提高城市形象识别能力，使其能够在信息社会中迅速发展，提

[1] 张宪荣．现代设计辞典 [M]. 北京：北京理工大学出版社，1998.

高竞争力。

城市品牌形象是城市品牌的视觉化、可视化。城市品牌形象是一座城市在综合实力、外显表象活力和未来发展前景方面在公众心目中形成的对城市的具体感知、总体印象和综合评价。

城市品牌形象是城市精神系统、行为系统、视觉系统和空间环境系统等的有机统一体，是在调研基础上，综合城市历史及现状进行客观定位，以长远的目光来发展和建设城市。

阿尔多斯·赫荷黎（Aldous Huxley）在其著作《观看的艺术》中提出："感觉 + 选择 + 理解 = 观看。"他认为，能够看清楚的往往是能够想清楚的结果，并强调了"看"到"看到"的过程。在城市品牌形象塑造中，城市视觉符号所表达的不仅是在表面上所描绘的各种视觉符号，而且是隐藏在视觉符号背后的意义。

（一）城市标志与城市视觉符号

象征物是表示某种抽象概念、特殊意义和思想感情的实体符号。风俗习惯中的许多行为方式都具有一定的象征意义，象征物也是一种社会规范和角色的外部标记，其形式通常有语言符号、仪式动作、建筑形式、服饰、特定的动植物和自然现象、手工制品，等等。各民族或团体选择哪些事物作为象征，与其文化背景有关。

城市象征物是城市中非物质化的精神与理念，其依附在某种物质形式上，或者借助于物质形式传达给人心理暗示。城市象征物弥补了城市标志对城市形象塑造的不足，能够丰富城市视觉符号的内涵。城市象征物的典型形象也可以通过物化直接进入城市标志，组成城市标志系列。

（二）视觉化的城市

21 世纪被称为信息时代，人们更愿意以视觉的形式接收信息，所以，又被称为读图时代，实质上就是符号时代。无论是在产品设计上，还是在城市建设上，信息的可视化、图标化已成为不可逆转的发展趋势。信息的视觉化是指以图像符号为构成元素，以视觉可以感知的形式为外在表现形态，把非视觉性的东西图像化，人们可以通过符号化的形态、色彩等视觉元素轻松、快捷地获取信息。同样，城市形象是视觉可以感知的，依据视觉传达设计原理，通过符号化的图形、色彩等，将城市的信息转化成视觉形式，城市形象的视觉化，正是通过城市视觉识别符号系统实现的，是从美学的价值上形成社会象征意义。

城市视觉符号承载着城市的文化内核，以象征性的视觉语言和特定的视觉形态，将城市的信息快速、准确地传递给社会公众，社会公众也是通过城市视觉形象符号来识别城市。城市视觉符号运用其独特的视觉语言形式，能够跨越文字语言和地域的局限，瞬间引起人的注意并产生深刻的印象。城市视觉符号一旦得到了人们的认同，它所表现出的信息传播的功效远远超越了文字语言的功效。

视觉化城市就是将城市的本体文化、精神内涵等诸多信息转换成可视的视觉识别符号系统，以解决人们的方向迷失问题，规范人们的行为。城市形象的塑造依赖于城市视觉识别符号系统，城市形象的识别也依靠视觉识别符号系统。视觉化城市已成为了信息化时代现代化城市发展的必然趋势。城市视觉识别符号系统作为城市信息的载体，也是视觉化城市发展的必然产物，城市视觉识别符号系统，不仅构成了城市的视觉形象，也构成了城市视觉识别的语言基础。

二、城市视觉符号的特征

城市视觉符号能否全面准确地概括城市形象，是否能够代表城市形象进行推广，是否具备长期性、规划性，是否能够获得城市居民的普遍认同，都值得我们进一步研究和商榷。

借鉴众多国内外城市优秀的视觉符号设计，结合艺术设计的相关理论和城市规划与建设经验，城市视觉符号的设计应该具有以下特征：

（一）易识别性

易识别性是城市视觉符号设计的最基本的特征。识别性是易辨性和易明性的总和，识别性要求事物具有独特性。城市视觉符号正是运用简约、清晰、准确且生动的图形语言传达复杂的城市信息，让人容易理解、乐于接受，这样视觉传达效果才能形成“形象竞争”的强烈冲击力。对城市视觉符号来讲，识别性增强了其存在的价值。

目前，大多数城市都是缺乏特色的，给人“似曾相识”的笼统印象，具有个性特色的城市似乎不多。这是一个靠形象赢得机会的时代，与企业形象识别相同，城市视觉符号的最突出的特征就是识别性。好的设计使人易于识别，同时能表现其个性。城市视觉符号特点鲜明、容易辨认、含义深刻且造型优美，能凸显城市个性，使公众对城市留下深刻印象。塑造城市视觉符号的目的，就是为复杂的城市形象提供一种经过升华凝练的印象符号，使公众透过视觉形象符号，把握城市的本质特征，使其与其他城市区别开来。

（二）差异性

差异是指事物之间相互区别。城市视觉符号的差异性主要指的是指存在于城市间的不同点。世界上没有绝对相同的事物，任何城市都有各自的特点。任何城市形象中，都蕴藏着城市过去的历史遗迹、城市现在的文化特质和城市未来的战略规划，城市视觉符号使人能够感知城市形象鲜明的个性，具有明显的差异性。城市本身就存在差异，而城市的差异是通过视觉差异体现的。

斯宾格勒说过："将一座城市和一座乡村区别开来的不是它的范围和尺度，而是它与生俱来的城市精神和独具匠心的城市个性。"

在当今社会，一座有个性、有精神的城市才是最具发展潜力的城市。随着城市现代化建设速度的加快和城市之间频繁的交流，当今城市形象的同质化现象更加明显，只有挖掘"不同"的内涵、塑造"不同"的形象，才能更清楚地凸显城市形象。例如，巴黎是时装之都，维也纳是音乐之城，威尼斯是水上乐园……

城市视觉符号是城市自身各种特征在某一方面的聚焦和凸显。这种特征往往是透过文化层面折射出来的，它可以是历史遗留、自然存在、社会需求等多种因素积淀的结果，也可以是经济的、政治的或民族的表现。依据城市存在的差异，创造城市视觉符号的差异性特色，才能吸引城市市民的关注，并使人们产生共鸣。因此，我们只有对城市形象进行准确的定位，才能获得特色鲜明、独一无二、个性化的城市视觉符号，才能更好地使城市相互区别，独立于世界城市之林。

（三）对应性

对应是指事物之间的彼此对照和呼应的关系，又称呼应。城市视觉符号的对应性是指城市视觉符号与城市精神、内涵、文化等的"一致性"和"呼应性"，也是城市视觉符号的形式和意义的完美结合。

城市视觉符号的设计不是几个设计人员闭门造车、自我陶醉地搞创作，而是要植根于城市的地域文化，与城市的政治、经济、历史、文化、地域环境等特点相对应，塑造具有该城市特色的城市视觉符号。设计时，从人的心理需求出发，考虑人在环境空间里的视觉感受，符合人们的时空感和审美感，关注人们对美的本能渴望，在设计过程中与形式美法则相对应。

从城市的文化特征、精神内涵、本体特征出发，在充分进行市场调查研究的基础上，设计出与城市核心理念相对应，同城市定位相一致的视觉形象符号，从而使其既能与城市的文化特征、精神氛围相呼应，又能与市民的心理需求相呼应。

（四）象征性

象征性是城市视觉符号设计的主要表达手段。象征是指对某一复杂的事物或抽象的思想与概念等，用某一与之相关联的物像或词汇来代表它的意义。

城市视觉符号的象征性侧重以象征手法通过具象或抽象的图形来传达城市理念的内涵。孔子的“圣人立象以尽意”，是较早谈及意象的言论。

阿恩海姆在《视觉思维》中谈道：“在任何一个领域，真正的创造性思维活动都是通过意象进行的。”城市视觉符号的设计，在某种程度上说，是寻找意象的过程。意象的形成过程就是通过理念与形象的和谐结合，把感知的东西变成视觉语言，即是一种“立象以尽意”的过程。

城市视觉符号是城市独特、鲜明的标志性象征物。从某种意义上来说，它就是城市的一张“名片”，它传递和演绎着城市所特有的灵魂和形象，逐渐成为一座城市的代表，成为一座城市不可泯灭的象征。

三、城市视觉符号的相关学科原理

城市视觉符号不仅是一种视觉语言，而且是一种有意义的形式。它最终的目的就是迅速准确地传达城市的信息，为城市建立良好的视觉形象。由于城市视觉符号主要传播视觉信息，因此，就必须要考虑到信息传达的有效性、准确性，要易于受众认知和记忆。若要让城市视觉符号具有强烈的视觉冲击力，就必须可辨性高、信息完整，并能够使公众产生美好的联想。目前，城市视觉符号的设计和视觉心理、语言符号、艺术造型等多个学科交叉。因此，从视觉传达设计的角度探讨城市视觉符号设计的相关学科原理，可为城市视觉符号系统提供一种设计方法和设计思维。

（一）格式塔原理

从视觉心理学的角度来看，城市视觉符号就是让人们通过视觉感官在大脑中形成对城市的整体印象。简而言之，就是对城市的一种知觉，即城市形象的再现。那么，对知觉进行的一整套的心理研究并由此产生的理论就是格式塔心理学，也被称为完型心理学。格式塔心理学产生于20世纪初的德国，“格式塔”是德语“Gestalt”的音译，表示一种经由知觉组织或建构的“形”，或称“经验中的整体”。“格式塔”这个词最初由奥地利哲学家埃伦费尔斯（C.V.Ehrenfels）在1890年提出，其含义是“其有两个本质特征：一是指它虽然由各种要素或部分组成，但并非是所有成分的简单相加，而是一个独立于这些成分的全新的整体，大于各部分之和；二是指它具有不变的质量，即‘格式塔质’，即使构成它的各种成分均改变，它也依然存在，仍能为知觉意识辨认出来。”

从以上对格式塔含义的描述中可以看出，所谓“形”，乃是经验中的一种组织或结构，与视知觉密不可分。格式塔心理学的代表人物之一美籍德裔心理学家——库尔特·考夫卡（Kurt Koffka）认为：“每一个人，包括儿童和未开化的人，都是依照组织律经验到有意义的知觉场的。”从中不难看出，格式塔心理学对人的知觉作了详尽的研究。如果说，眼睛是心灵的窗口，那么，心理学与设计就必然存在某种联系。我们对某些图形的认知及视觉理解，与人的心理有着非常密切的关系，而对心理学某些原则的了解，则有助于我们对设计的整体把握。

1. 图底（Figure-ground）原则

图底原则是格式塔原理中最基本的原则，即人的知觉系统中最基本的一种知觉能力，是在图形与背景之间做出区分。究竟如何将图从底中分离出来，一方面取决于设计者，根据设计者自己的意图运用平衡原理对形的铺排，另一方面取决于观看者的知觉判断能力。“观看者的判断，主要根据某些形的突出程度，但突出程度又是通过加强某些形的色彩和轮廓线的清晰度和新颖度、内部质地的细密度，以及对其大小、粗细等的适当掌握决定的”。就像我们比较熟悉的埃德加·鲁宾在1921年用自己创造的实验心理学图形《鲁宾之杯》形象地揭示了图底关系的视知觉现象。同时，他在研究的基础上还总结出了许多图底关系的规律：“封闭的面更易被看作‘图’，而它之外的部分已被看作‘底’；有清楚形状与轮廓的部分易被看作‘图’，而没有形状、轮廓的部分易被看作‘底’等。”

当然，很多情况下图、底所形成的独立的知觉整体，两者都含有信息并能够产生视觉刺激，它们会随着人的视觉焦点改变而相互转换。因此，城市视觉符号能够以最简约的视觉形式传递出最丰富的信息，并增添了趣味性。

2. 闭合（Closure）原则

闭合原则是完型心理学的核心概念，指人可以把不连贯或有缺口的图形尽可能在心理上使之趋向一个整体。这种现象说明人的心理有着一种推论的倾向，在某些情况下知觉有着使轮廓线弥合而形成完整的图形的趋势，将有间隙的图形组合得更加紧密或单个图形单元更加完整。

城市视觉符号的视觉形式比较简洁，所以运用的视觉图形要能够引起观者的思考或互动。依据闭合原则能引发观者的好奇心并与观者产生互动，利用视觉心理使观者自己把图形补充完整，这样就能吸引观者的注意力，也使城市视觉符号的形式更加丰富，使观者在观看的同时留下深刻印象。

3. 简洁（Simplicity）原则

简洁原则是指人们往往根据由过去的经验所形成的预期，有意识地简化他们感知的东西。格式塔心理学对视知觉的研究成果表明："人们在感知不完整、不规则的图形时，总是想竭力改变这些图形，使之成为完美简洁的图形，对获得的信息总是按照心理追求简单化的原则进行加工处理。"这一心理追求简单化的原则要求我们在呈现给人们事物时，并非都要把事物整体形象表现出来。

格式塔心理学家认为，眼睛只能接受少数几个不相关的整体单位，如果一个格式塔中包括太多不相关的单位，眼睛就会试图将其简化，把各个单位加以组合，使之成为一个在知觉上易于处理的整体。否则，整体形象将无法被正确感知，这种形象势必会被人们忽视，以至拒绝接受。城市视觉符号设计中应该注意应用简明规则，让观者自己将不完整的图形通过心理感知使图形连接，使城市视觉符号留给观者更多的想象空间。

4. 解构（Deconstruction）原则

解构是指对图形进行分解重构，是将某些完整的图形进行分割，或将其分割后的独立元素重新组合，进而创造出更为新颖的视觉形式。解构是格式塔原理应用于城市视觉符号设计的又一个方面，打破常规，依据人的"完型"心理进行反向设计。依据解构原则，城市视觉符号在设计过程中，应强调元素的综合协调，并利用形式美法则创造出内容更加丰富、形式更加多样的视觉图形。

格式塔心理学视知觉理论明确地提出：眼和脑的作用是一个不断组织、简化、统一的过程，正是通过这一过程，才产生出易于理解、协调的整体。特别是在城市视觉符号的设计中，视觉图形应尽可能紧凑、简洁、完整，并能够把城市形象完整地展现于公众面前。城市的信息能否被公众接受，这和城市视觉符号的设计能否和人的视觉心理信息接收能力相吻合有关。因此，综合格式塔原理，并在了解人的视觉感觉与知觉特点的基础上，才能设计出更加优秀的城市视觉符号。

（二）符号学原理

德国著名哲学家恩斯特·卡西尔在他生前发表的最后一部著作《人论》中提出关于人的定义："人与其说是'理性的动物'，不如说是'符号的动物'，亦即能利用符号去创造文化的动物。”这一著名观点，阐述了人与动物的区别是人能创造符号，并揭示了符号化思维与符号化行为是人类生活中最具有代表性的特征。事实正如恩斯特·卡西尔所言，我们生活在一个充满着符号的世界。

1. 符号的“双层”结构

符号学的概念是瑞士语言学家索绪尔在1894年时提出的，虽然他是从语言学的角度来研究“符号”的，但是，今天对视觉符号的研究同样具有实际的指导意义。依据索绪尔的学说，“符号是由能指和所指构成的统一体。也就是说，符号的二元关系能指和所指结合构成了符号”，说明符号具有“双层”结构的特征，城市视觉符号也是如此。

符号具有符号形式和符号内容两种基本属性，符号的能指是通过符号形式表现出来的；符号的所指是通过符号语义表现出来的。符号的能指与所指构成了符号的底层与上层的“双层”结构，符号的“双层”结构每个部分都有自身的组合规则。符号的底层结构是城市符号的物质基础（即符号的“形”），底层结构的符号形式是上层结构赖以依存的媒介。视觉符号的形式就像文字语言符号中的字母和笔画一样，都是为符号语义准备的物质基础，而符号的上层结构则是由物质基础构成的符号形式所承载的精神内涵——即符号的意义。

2. 符号的“形”与“义”关系

通过对城市视觉符号“双层”结构的分析，我们清楚地知道，城市视觉符号设计中的“形”与“义”不是孤立存在的，而是相互依存、密不可分的。“形”必须能够承载“义”，它才能称之为符号，“义”必须依附于“形”，否则，无法传达，即“形”可生“义”，“义”可塑“形”。阿恩海姆有关“所有的形状都应该是有内容的形式”的论述，就精辟地反映了城市视觉符号形式与符号语义二者之间的关系。

在城市视觉符号设计中，城市视觉符号的外在形式是语义附着的有力载体，而语义的准确传达又是通过图形和谐的组合才能实现。城市视觉符号的底层基础元素通过组合构成符号的物质形式，而符号形式因为城市的特性生成了具有特殊信息内涵的符号语义。根据尹定邦先生的观点，一方面，“用图形去吸引意义”；另一方面，“由意义去创造图形”。这就是说，在完成城市符号形式的同时，也建构了符号的语义和符号本身。从某种程度上讲，设计的过程就是符号化的过程，就是赋义、赋值的过程。通过符号化过程，也使得符号的形式与语义、符号的能指和所指、符号的底层和上层结构有机结合为一个不可分割的整体。

人类对城市视觉符号语义的解读，首先取决于视觉的感知，然后通过大脑的分析与想象，辅以一定的文化知识、审美经验，从而实现城市符号与受众之间的视觉沟通与互动，城市符号的意义也在于此。

城市视觉符号作为一种视觉语言，与文字语言有着共通性，是人类社会文化与思想沟通与互动的有效传播媒介。从视觉传达的角度上来讲，城市视觉符号以其独特的、准确的、简约的方式，将城市复杂的多元信息清晰有序地传达出来。人类是通过视觉感官接受城市符号所承载的文化与内涵信息，同时，也是依据符号学原理进行语义的解读。

第二节　视觉符号与城市品牌形象的关系

对于一座城市来说，视觉符号是城市的一张“名片”，是城市营销的手段，是市场竞争的原动力，有时候甚至可以改变一座城市的命运，带动经济的飞速发展，有效提高城市的生活质量和水平，甚至对城市形象也产生深远的影响。通过这些视觉、声音、颜色、形象等各种各样的符号，塑造了众多伟大的城市品牌形象。城市不仅表达着生活，也表达着秩序、观念和文化。所谓“城市视觉秩序”是通过对城市视觉符号、建筑景观、户外广告等各个视觉元素的统筹和总体把握形成的视觉结构，表现为城市外在视觉的有序性。视觉是城市居民的一种权利。

今天的视觉符号不单是一种广告载体，它还发展成为一座城市视觉形象中的亮点，是一座城市商业文明中重要的组成元素，更是流露和体现了城市大众的审美品质。中国城市快速发展，在创造了无数奇迹的同时，城市同化现象也变得严重，城市建设过程中，大量无序、低质量的视觉符号，剥夺了人们享有视觉的权利，造成城市信息的无效传播，视觉污染无时无刻不存在于我们生活的环境中。许多原有的城市个性和符号，完全被无关的元素所取代，丧失了自我特性，使城市变得不伦不类，缺乏个性。国内众多城市品牌的建立，应该在保护城市文化内涵和特征的基础上，构建合理的视觉秩序，建立具有城市个性的视觉符号品牌。

国家形象是国家最重要的无形资产，国家品牌战略就是要为国家塑造独特个性，并使此个性魅力深入人心。国家形象塑造的最终目标是捍卫国家独立主权和民族尊严，促进国家关系的和谐与融合，促进国家的发展和强大。通过特定文化主题的展示和富有个性化的艺术装饰塑造出来的“视觉符号”，必然会感化人们的心灵世界，影响人们的文化观点、态度甚至民族感情。

2010年世博会为上海带来了重大发展，世博会会徽图案也深入人心。众多中国传统元素的巧妙组合，表现出强烈的中西合璧、多元文化和谐融合的意境，表达了中国人民举办一届属于世界的、多元文化融合的博览盛会的强烈愿望。在会徽的图案中，你、我和他/她手拉着手，象征着人类的大家庭。由此可见，视觉符号对城市形象的塑造和提升，有着深远的影响力和渗透力。

一、视觉符号改变城市面貌

优秀的视觉符号能够反映一座城市的概貌，更是带动城市发展的主要因素，“北京故宫”“上海东方明珠”“哈尔滨冰雪世界”等符号，在人们心中已成为各个城市最受瞩目的标志，它们寓意着不同的文化和生活观念，传达着厚重的历史信息和时尚脉动，让各自的城市品牌犹如新生一般活力无限。

我国香港地区素来被中外游客称作“购物天堂”，在香港购物无论是货品种类、价格还是服务，都是世界知名的。香港在近年来重新审视自己在亚洲的地位和角色的基础上，隆重推出“亚洲国际都会”的品牌形象。在推行城市营销时，吸纳了世界众多一流的机构合作工作，保证了项目参与者的高水平，项目运作的科学性、专业性，为最终的成功提供了保障。

二、品牌唤醒城市活力

品牌可以唤醒一个城市的活力，面貌更新了，城市自然就“活”了起来，人们也会变得更加从容自信，进而增强城市的凝聚力。这些优秀的、高质量的世界性品牌的建立，意味着享有全球声誉的稳定的拥护者，为城市的长远发展注入了新的活力和生机。因此，在竞争日益激烈的今天，城市只有有效地运用自己的视觉符号语言，向世界提供高质量的城市品牌，才有可能创造出完美的城市形象，才会让城市拥有持久的生命力。

三、生态符号增添城市魅力

当今世界，城市扩展往往以牺牲自然环境为代价。随着生态环境日益受到关注，城市生态面临着“保护与发展”的问题。城市是众多符号的载体，保护生态环境是每个国家、每座城市的责任和义务，这也是构筑城市品牌战略的具体行动。

人类所创造的古老文化与地球上的风景名胜，以及各类遗址古迹等生态符号美化了大自然的生态景色。创造绿色、低碳的生态环境，是每个人的责任和义务，绿色环保的城市生态符号不仅增添了城市魅力，也提升了城市品位。

第三节　视觉符号在城市品牌形象设计中的应用

一、从不同文化背景下看城市品牌中的视觉符号

（一）国内城市品牌的视觉符号现状

没有视觉符号的城市，等于是一座没有生命的孤城。视觉符号让城市体验了生命的诞生。目前，国内许多城市逐渐开始意识到了城市品牌的重要性，以及视觉符号的影响力。全国有上百座城市正以视觉符号为突破口，着手进行城市品牌形象塑造，使得城市品牌的创建工作开展得有声有色，并在符号的理论与实践方面都取得了很大的成绩。

举例来说，湖南汨罗的城市标识以龙舟为主体提炼出自己的视觉符号语言，它预示着汨罗作为一座新兴的城市，承载着悠久而沉重的历史文化，不断奋进，勇往直前，整个标志从图案到字体，都运用了一种古朴的风格来张扬城市的个性。

（二）西方城市品牌的视觉符号现状分析

众多欧美发达国家对城市视觉符号的研究十分关注，并且巧妙地用它来塑造自己的品牌城市。波德莱尔曾将巴黎形容为“一座热闹非凡，充满梦想的城市”。大巴黎是法国的城市建设规划方案，就是通过扩建、美化、整形，将巴黎改造成“后京都议定书时代全球最绿色和设计最大胆的城市”。在80岁高龄的法国摄影学者Jean-Claude Gautrand的心中，巴黎是一座他“从未离开”的城市。在他编撰的摄影集《巴黎，一座城市的肖像》中，承载着他对这座城市的深深迷恋，呈现的是一本关于巴黎的美妙视觉符号之旅。

二、视觉符号对城市品牌形象设计的影响和意义

对于一座城市来说，视觉符号是城市的一张脸，是城市营销的工具，是城市文化的载体，是市场竞争的杀手锏，是城市发展的催化剂，是振兴城市经济的原动力。它可以改变一座城市，带动城市经济飞速发展，有效地提高城市质量水平、品牌效应，甚至对国家形象也产生深远的影响。正是通过这些视觉、声音、颜色、人物形象等各种各样的符号，和

城市居民进行精神层面上的沟通，才成就了伟大的品牌城市。它可以改变世界，改变时代，改变城市，改变你、我、他。

（一）视觉符号捍卫城市秩序乃至国家形象

1. 城市秩序

城市不仅表达着生活，也表达着秩序、观念和文化。

“所谓‘城市视觉秩序’是对城市内在结构和特征有规则地外化，是通过对城市视觉符号、建筑景观、户外广告等各个城市视觉元素的统筹和总体把控而形成的视觉结构，表现为城市外在视觉呈现的有序性。这些元素间的比例关系、视觉秩序、质量等是判断一个城市品质优劣的核心。在这种关系中，任何一个元素的快速扩张和发展，将直接影响整体城市空间的视觉关系，就像人口膨胀会压迫城市空间，使人们的生活空间质量下降效果一样”。

视觉是城市居民的一种权利。今天的视觉符号不单是一种广告形式载体，它还发展成为一座城市视觉秩序中重要的亮点，是一座城市商业文明中非常重要的组成元素，更是流露和体现了城市大众的审美品质。中国城市快速发展，在创造了无数奇迹的同时，城市同质化现象尤为严重，城市建设过程中，大量无序、低质量的视觉符号，剥夺了人们享有视觉的权利，造成城市信息的无效传播，城市空间的视觉污染和人们视觉生活的品质下降。许多原有的城市个性和符号，完全被无关的元素符号所取代，丧失了自我。只有共同承担起构建城市视觉秩序和优化城市视觉节奏，让视觉符号和谐共处的重任，城市品牌才能在新一轮城市竞争中披荆斩棘。

2. 国家形象

国家形象是国家最重要的无形资产，是国家最为宝贵的精神资源。从城市战略上升到国家战略，从城市理念上升到国家理念，到国家行为，再到国家视觉符号系统。通过信息化的各种形式向国际、国内传播，全球公众从特色化、整合化、标准化的传播中，对该国国家形象反复贯彻，国家领袖及国家形象战略机构由此推动了国家品牌的特色化整合，即建立个性化之国格。

国家品牌战略就是要为国家塑造独特个性，并使此个性之魅力深入人心。国家形象塑造的最终目标是捍卫国家独立主权和民族尊严，促进国家关系的和谐与融合，促进国家的发展和强大。通过特定文化主题的展示和富有个性化的艺术装饰而塑造出来的“视觉符号”，必然会感化人们的心灵世界，影响人们的文化观点、文化态度甚至民族感情。

（二）视觉符号推进城市品牌与文化的发展

21 世纪进入品牌竞争时代。城市品牌化成熟的重要标志：有组织、有定位、有规划、有管理、顾客满意。在以信息文明为主要特征的知识经济社会中，财富价值的高低、商品价值的高低、品牌价值的高低，不再取决于原料的成本，而取决于它的符号价值，以及包含在符号价值背后的知识价值的高低。所以，今天我们一定要充分认识到文化和品牌已经成为城市配置资源的核心，视觉符号是主要的推动力量。

当你去接受和发挥人类文化资源，寻找强有力的传播符号，获得和受众沟通、分享的超级载体时，品牌就有了一个灵魂，当品牌符号成为全世界熟知的符号之后，品牌就已经达到了最高境界。如同巴黎创造的香奈儿一样，成为全世界都熟知并认可的服装文化。

三、城市视觉符号变更的风格趋势

在信息时代的今天，以往视觉符号中惯用的纯粹法则被打破，固有的符号现象被解构，设计观念上也发生了颠覆性的变化。风格的多样性、高度的国际化，以及人性化，都是视觉符号未来发展的趋势。

（一）多样化

多样化是指视觉符号的形式和风格、媒体和载体、主题和视觉所表达的多样化。随着城市科技的不断进步、数字城市技术的普及、生活方式日益多样化、人们品牌意识的提高以及对符号个性化的追求，使得视觉符号的设计构成形式、表现风格更加多样化。

视觉符号没有固定模式、限制和束缚，条条框框只会使设计处于松弛状态，只要有创意、有吸引力，都会被大众认同和接受。

（二）国际化

虽然世界经济文化向一体化发展，视觉符号的设计趋向整合。但这绝不代表着高度功能化、标准化、合理化，遵循相同的模式、单调、缺乏个性的设计是形而上学的形式主义。国际化的视觉符号一般含有丰富的个性，各民族本土文化应成为国际文化的有机组成部分。国际化的视觉符号设计必然是个性与共性的统一，世界性与民族性的统一，全球化与地域化的统一。

（三）人性化

在以人为本的时代，符号更倾向于赋有人情味和亲和力。城市视觉符号未来的要求不仅是功能方面的完善，而且要对其加以修饰。从美学、心理学和认知水平等其他方面出发进行视觉设计，才能满足大众需求，被大多数人所接受。人性化的视觉符号可以加强城市与居民的情感联系，有利于培养和维系忠诚的受众群。

2011 年莫斯科出现在著名设计网站上的非官方城市形象标志：莫斯科的微笑。这个标志希望人们能够转变对这座城市那种古板、严肃的固有思维联想，让人知道，其实莫斯科也并不经常是一本正经的，或许一个微笑是这座城市的最好形象。这个视觉符号的设计，既增强了城市亲和力，又带给人极强的视觉冲击。

第五章 城市文化与品牌视觉形象设计

“一方水土养一方人”，城市文化对生活在城市里的人的影响是潜移默化的，城市品牌视觉形象设计直接面向公众，如何能够做出与受众产生共鸣与归属感的城市品牌，是视觉形象设计成功与否的重要体现。城市文化滋养着生活在这座城市里的每一个人，将城市文化进行视觉化的表达并应用于城市品牌形象设计中，能够使人通过视觉识别产生共鸣，增强人对城市的认同感；城市品牌视觉形象设计，同时也是一座城市形象宣传的重要体现，在突出城市文化的同时，又能够使人产生对城市的自豪感与归属感。把地域文化这个抽象概念转变成人们所能识别的品牌形象视觉设计，更有助于城市的宣传推广，同时能够起到传承与弘扬城市文化的作用。

第一节 城市文化与视觉化表现方法

一、城市文化的概念

《辞海》中把文化解释为：在广义上讲，文化是人类社会历史实践过程所创造的物质财富和精神财富的总和。在狭义上讲，文化是社会的意识形态，测验与之相对应的制度和组织机构。作为意识形态的文化，是一定社会的政治和经济的反映，同时，又对一定社会的政治和经济施予巨大的影响和反作用。人类学家弗朗兹·博阿兹曾从文化结构的角度把文化分为三类。第一类是物质文化，即食物的获得、保存、加工，房屋，衣服，制造工艺的过程，物产，运输方法等。第二类是社会关系，即一般性经济状态，财产权，战争，和平时的部落关系，部落内的个人的地位、部落、氏族、家族组织、通讯形态、性别和年龄上的个人关系。第三类则是艺术、宗教、伦理，即装饰、绘画、雕刻、歌谣、故事、舞蹈等对超自然状态、神圣存在状态的态度及行动等。

文化在城市发展中的体现指的是：城市生活所表现出来的“人化”，即人与人、人与环境，以及环境的社会属性的集中体现，其内容非常广泛。当一个外地人进入一座城市时，最初会以城市的外表来看待城市，比如高楼大厦、景观、道路等。而当他想要深入地了解这座城市时，更多的认识则来自于文化。一座城市如果没有独特的文化，便只是一个胡乱堆砌的钢筋水泥丛林。巴黎、伦敦、纽约这些大城市之所以被称为世界公认的大都会，不在于它们的大，而在于其文化上的包罗万象、商业上的丰富多彩和风情上的五光十色。城市文化，不仅包括物质层面和精神层面的文化，还包括了城市发展过程中产生的制度文化、行为文化。城市在对环境的不断适应中，产生了各种具有不同地域、时代特色的生活方式、社会规则、建筑景观，城市文化中强调的延续性、独特性、认同性、不可复制性，使城市的传统文化重新焕发光彩并具有独特价值。

城市文化是一种历史现象，历史上每一个社会阶段都留下了相应的文化形态。城市在本质上也就是文化的产物。城市文化随着人类的生产、生活而不断丰富和演化，其内涵不仅指城市的文化教育设施和市民的教育文化程度，还指城市历史形成的和当前存在的物质文明和精神文明的统一。城市文化，一方面，包括城市历史发展以来形成的传统文化内容；另一方面，还包括城市现代文化特征。

二、城市文化的视觉化表现方法

城市文化具有识别性、独特性与差异性的特征，是丰富城市形象的重要手段；从视觉化的表现方法来说，一般包含了三个方面：图形、文字与色彩。两者在概念上各自独立，如何将城市文化进行视觉化的表达，已然成为城市品牌形象设计中需要解决的重要问题。

城市文化的表现方式可以拆分成城市与文化两方面进行总结。一般来说，城市是具象的，它主要包含了一座城市的地貌、环境、建筑等；文化是抽象的，除了可视化的具象的符号，大部分需要辅以文字进行理解。将城市文化进行视觉化表现，并应用于城市品牌视觉形象设计中是本书核心所在。笔者通过理论和案例分析，总结出以下几种视觉化表现方法：归纳总结法、图文结合法、元素重组法、元素叠加法、抽象概括法以及图像法。

（一）归纳提取法

归纳提取，顾名思义，就是将城市文化的元素进行归纳并对元素进行视觉提取的方法，该方法侧重于设计者对城市地域文化需要进行深入地了解与认知，并将城市文化中的主次关系进行视觉化的概括并以图形的形式表现出来的一种归纳总结的方法。归纳，亦可称为整理分类，对于城市的地域文化来说，大致可分为以下三类：具象元素、抽象元素和色彩元素。地域文化中的具象元素，多为与地域相关的视觉元素。例如城市的生态环境、景观、建筑等。地域文化中的抽象元素，多为与文化相关的视觉元素。例如城市的精神内涵、文化、宗教信仰等。色彩元素有两个分类，直接的色彩与间接的色彩。直接的色彩指的是对具象元素的色彩进行分析、提炼；间接的色彩是指通过对城市的抽象元素进行视觉分析而得到的具有代表性的色彩。按照归纳分类整理的内容，提取则是用视觉化的表现方法对具象元素与抽象元素进行视觉化的设计提炼，为后期设计应用做铺垫。

（二）图像表现法

图像是最真实有效的展现和传递信息的方式，是更直观地展示城市可视化的地域文化面貌的方法。图像表现法能够更直观地展示城市可视化的地域文化面貌。例如，自然环境、建筑，以及生活状态等。与图形设计不同，图像表现法是以真实照片或经过处理的照片作为城市品牌形象推广应用的方法。图像表现法是在城市品牌形象设计中最直接、最有效的展示方式，与文字一样，图像具有高度的识别性，在认知度上，真实的图片相较于抽象的文字，更容易被受众所认识和理解。

在体现城市建筑特色、自然环境等可视性的地域文化上，采用图像表现法，能够最真实地展现城市面貌。当然，图像表现法不单是纯照片的展示形式，也可以运用电脑软件进行后期加工美化处理，以照片为基本图形，通过色彩叠加等不同视觉设计形式，进行加工处理，能够增加图片的多样性。比如美国巴尔的摩城市的应用部分，以LOGO框架为载体，将城市面貌运用图像法进行展示应用，能够使受众更加直观地了解城市的真实面貌。在城市品牌形象设计中，图像表现法一般应用于城市品牌形象设计的应用系统部分中。

（三）元素重组法

元素重组，从狭义讲，我们可以理解为一个事物与另一种事物的组合。是在把单一图形或组合图形在色彩和图形上进行拆分、打散，然后再将图形和色彩进行重新组合而得出的新的视觉符号。在城市品牌形象设计中，元素重组法是应用系统中的主要表现方法，目的是将形与意进行转换。将单元图形的“形”与“色”进行重新组合得出的新的视觉符号能够使受众通过“形”与“色”产生意象联想。如意大利博洛尼亚（Bologna）城市形象品牌设计对于元素重组法的应用，其将概括的几何图形进行重组得出新的视觉符号。在视觉表现上，元素重组法在组合方法上没有规定，因此具有多样性的特点。同时，组合成的新的视觉符号在“形”与“色”上与最初的辅助图形具有相似性。总的来说，元素重组法是丰富城市品牌形象设计应用系统部分的主要表现手法，是增强城市品牌形象设计的视觉表现力的有力手段。

（四）元素叠加法

与元素重组类似，元素叠加，从狭义讲，我们可以理解为一种事物与另一种事物的组合。与元素重组不同的是，元素叠加是以一个元素为外形，一个或多个元素为复形叠加于另一个元素外形中的一种表现手法，在城市品牌形象设计中，这种表现手法常用于标志设计的延展图形。比如，在美国休斯敦城市形象品牌设计中，就运用了此方法。将美国国旗、彩色方格等与 LOGO 外轮廓相叠加，对于城市形象标志多元化的表现手法与其城市口号：“The city with no limits”相呼应。澳大利亚墨尔本城市形象设计中，以标志“M”为形，与不同图形进行叠加，体现出了墨尔本城市的多元化的城市特点。元素叠加法，是城市品牌形象设计应用系统部分的主要表现手法，具有丰富城市品牌形象设计的作用。

（五）图文结合法

地域文化具有具象与抽象两种形式。一般来说，具象形式是可以总结归纳或是直接提取的视觉元素形式，抽象形式能够通过文字进行描述与说明。单纯的文字容易让人产生阅读上的视觉疲劳，纯具象的视觉元素在识别认知上会产生偏差。图文结合法是将图像和文字相结合进行视觉设计的方法。使受众能够更好地对城市文化进行视觉识别与内涵认知，有效地综合了文字与图形各自的优势。

在城市品牌形象设计中，图文结合法主要应用于 LOGO 设计中，如杭州城市形象设计的 LOGO 设计，该设计由汉字“杭”的篆书演变而来，并运用了城市文化特色——江南建筑中具有标志性的翘屋角与圆拱门作为表现形式，文字中的亭台楼阁的设计突出了杭州江南水乡的特色。将图形与文字进行结合，使受众能够通过“图文并茂”的表现形式了解杭州。

图文结合法大多应用于城市标志设计与城市中英文标准字设计中，也可以应用于抽象的文化的视觉设计表现中。将可读的文字与具有城市文化特色的视觉元素相结合，优势互补，能够产生更易让受众记忆与识别的视觉符号。

（六）概括抽象法

概括抽象法是指依据事物之间的联系，将具象的物体，或者是抽象的概念、思想、情感等，通过图形、文字、色彩等，转换成具象符号的表现方法。概括抽象法的表达效果依赖于受众的意会联想能力，该方法在城市形象设计中亦有使用。在绝大多数情况下，概括抽象法多使用于吉祥物及卡通形象的设计中。比如，在意大利博洛尼亚（Bologna）城市形象品牌设计中，设计者将其进行抽象概括，生成了抽象的几何图形，每一个几何图形代表了一个字母，通过城市名称，将其对应图形进行重组得到城市的标志。

第二节 城市文化与城市品牌视觉形象设计的关系

一、城市文化是塑造城市品牌形象的创作源泉

随着城市国际化与现代化的发展，越是先进的城市，城市的特征就越不明显。如今，城市品牌形象设计逐渐成为城市间竞争的重要筹码。纵观世界上所有城市的品牌形象设计，能够让人印象深刻的作品往往是具有独特性的城市文化特色，所以说，在城市品牌的视觉形象塑造中，凸显城市文化特色，显得越来越重要。

设计一个具有城市文化特色的城市品牌形象视觉设计系统，是体现城市差异性与独特性的重要的方式。大到城市整体形象推广宣传、小到城市旅游纪念品、城市公园的基础公共设施设计等。就塑造“城市品牌形象”来说，城市文化是体现城市差异性与独特性的最有力的塑造点。

不同于一般品牌形象设计，城市品牌形象设计需要得到受众的认同。城市品牌形象设计直接面对的是当地的民众。如果城市品牌形象的视觉设计不能与受众产生共鸣，那么这样的设计就是失败的。因此，在进行城市品牌形象设计时，更应该注重对城市文化的相应元素进行视觉提取分析与设计，这样才能增强人们对设计的认同感，以及对城市的亲近感。

如沈阳市城市旅游形象设计标识，整体配色采用正红色与黑色组成，红色是中国传

统颜色，寓意喜庆与吉祥，黑色具有文墨气息，体现出了厚重的历史文化感。这两种色彩的组合，凸显了沈阳文化旅游具有浓郁的中国传统风味与厚重的历史文化背景。标识主体分为三个部分：玫瑰花、祥云、故宫大政殿。设计采用沈阳市市花—玫瑰与极具中国传统风味的吉祥图案—祥云进行元素重组，图案中心为沈阳的标志性建筑物“故宫大政殿”的建筑剪影。该标识的组成元素具有明显的城市文化特征。通过对玫瑰花的绽放的视觉表现，使沈阳作为“活力之都”的城市定位得以体现。

由案例分析可以看出，沈阳的旅游形象标识的组成元素从城市文化中提炼而来，从色彩的选择，以及对标志形象的表现，能够充分体现出沈阳的城市特色，城市文化能够凸显城市特色。对于城市品牌形象设计来说，城市的城市文化的视觉表现的应用，是城市形象设计的重要设计方法。可以说，城市文化是塑造城市品牌形象的创作源泉。

二、城市品牌形象设计是城市文化传承的重要方式

当今，很多城市现代化建设的同时，城市自身的城市文化却在逐渐消逝，千篇一律的建设使城市的城市文化也逐渐被淡化。城市品牌形象设计，其目的是使城市在走向现代化与国际化的同时，通过视觉形象设计的表现，来对其城市文化进行保护与传承。

城市品牌形象设计是一座城市的“名片”，将城市文化融入到城市品牌形象设计中，对城市文化的传承与发扬起到了非常重要的作用。城市品牌形象设计，是展示城市地域文化特点与精髓的有效方式，让城市的城市文化得以传承，保留城市的历史记忆，让更多的人通过视觉的方式，认识和了解城市的历史，使城市的城市文化能够真正融入人们心中，并为人们所接受，增加受众的认知与归属感。

城市品牌形象设计的目的是区别于其他城市，体现城市自身的独特性。同时，城市品牌形象设计也是代表着城市走向国际化的必要方式。“民族的就是世界的”，创造出具有城市文化特色的城市品牌形象设计，是对历史文脉的体现和文化特色的最有力的展现。可以说，城市品牌形象设计，对于一座城市地域文化的传承，乃至整个民族博大精深的文化体现都具有深远的意义。

第三节　城市文化在城市品牌视觉形象设计中的应用

一、城市文化差异显现出不同的城市品牌视觉形象

一座城市风格的形成与城市所在的地理位置等地域文化，有着最为直接的关系。城市风格是对城市传统文化和现代发展理念的延伸和向外扩散。城市风格的形成是自然进化和人为整饬过程的统一。

在自然界和人为环境中，万物自古以来都受到地理位置、气候、植被、风俗习惯、文化传统等多方面因素的影响，而形成鲜明独特的城市形象。从而在自然景观或人文景观方面，通过图形、色彩等一切外在的形式，向人们传达着丰富的视觉信息。

城市本身在自身的发展中，具有了一定的文化属性。在现代意义上的城市形象构建中，要把这种文化属性与城市视觉识别的外观形象联系起来，在城市竞争中选择美，在更高的层次创造城市美的差异，这是城市品牌定位的关键问题。既要依据历史形成城市差别，又要根据各城市的具体条件、特定需求，抓住本市的形象特征，因地制宜，扬长避短，建立各种符合城市个性的标志和特色景观，创造各种既体现时代精神、反映居民意愿，又独具魅力的城市形象。比如，桂林山水城市，百里漓江奇峰林立，城镇网络山水环绕，而苏州、绍兴等江南城市，“庭院多是宅，车马少于船”，“江南园林，小阁临流，粉墙低桠，得万千气象之变”。天津则是北方少有的河网众多的滨海城市，厦门鼓浪屿又是在澄碧如蓝的海水之上的“海上花园”。这些城市都有着自己的独特风格和个性风貌，从不同层面上反映了各自城市的景观和独特的城市形象。

其实，国内有很多城市自然资源和文化资源都很丰富。但是，往往因为城市定位不当，或者不知道该如何去定位，导致城市在塑造自己的品牌时游离不定，或模仿其他城市，结果呈现出来的形象要么模糊不清，要么千城一面。

下面，我们分别从不同地域城市的功能与文化两方面，对国内部分城市品牌形象的定位进行分析与总结，以期对城市形成具有持久生命力发展的定位与独特城市品牌视觉形象的塑造起到一定的探索意义。

（一）北方传统历史文化下的城市形象

地处北方的北京是近几个皇朝的聚居之地，其地位非同一般，是我国的政治和文化中心，加上其本身特有的人文地理，使其在文学、艺术、建筑，以及城市规划等各个领域，都带有或显示了非同一般的皇家气派。这也造就了极其特殊的地域文化，成为北方文化的典型代表。这种带有浓重皇家气派的地域文化，在城市形象的宣传中得到了深刻的体现。

古代的色彩、建筑、传统图案等深含意义的元素被毫无保留地运用到了城市的很多设计上。从外部环境来讲，城市个性的体现首先要拥有让大众识别并进行宣传、推广易识、易记的标志。同时，还体现在包括建筑等在内的基础设施的建设，以及视觉感官文化氛围的识别上。

说到北京，大家首先想到的可能是天安门，是故宫、长城。但我想到的是基于这些实体之上的优秀文化；其中，京剧就是精髓。首先，京剧作为近代中国戏曲的代表，它在1840年前后形成于北京，盛行于20世纪三、四十年代，时有“国剧”之称，现在，它仍是具有全国影响的大剧种。京剧表演艺术讲求虚实结合的表现手法，最大限度地超脱了舞台空间和时间的限制，以达到“以形传神，形神兼备”的艺术境界，这与中华民族和平宁静思想，追求意象表达的精神一脉相承。其次，京剧脸谱是中国传统艺术形式，它具有深厚的民族特色，绚丽的色彩、夸张的造型、抽象神秘的图案、丰满完整的构图，均显示出深刻的设计思想与内涵，反映了一种和谐圆满的美学观，折射出中国传统文化的是非道德观、价值观，堪称世界舞台上的一朵瑰丽奇葩。因此，采用具有突出象征性与代表性的京剧脸谱作为首都北京的城市标志，不仅是一种城市精神的反映，同时，也是一个国家文化的象征与代表。

又如，北京2008年奥运会的视觉形象宣传设计中，占主导地位的六种颜色构成的色彩体系，也十分有张力地彰显了这一古都的浓厚底蕴。这六种专用色彩分别从中国深厚的传统文化与充满现代气息的北京元素入手，归纳总结出：中国红、琉璃黄、国槐绿、青花蓝、长城灰和玉脂白。

在奥运会的整体视觉形象设计中，结合象征吉祥、如意的云纹辅助图形的应用，形象识别带有强烈地域性的同时，又不乏国际化的识别特征，富有鲜明的中国特色与中华文化烙印，舞动在北京奥运会上，成为最美的中国色彩乐章。北京城市的品牌形象通过奥运会这一万众瞩目活动的举办，瞬间从内敛、含蓄的中国文化中展现出来，这座城市乃至整个国家的形象，都无疑给人们留下了深刻的印象。

（二）沿海开放自主文化下的城市形象

北方海滨城市的大连，依据其区位优越、环境优美、气候宜人、风光独秀的特点和城市基础好、规模大、城市化水平高的优势，实施“城市环境名牌战略”，营造最佳的城市投资环境和最宜人的居住环境，打造环境优美的国际名城。这样的思路和方式，可以称作“环境经营模式”。

从1993年开始，大连在城市品牌形象的地域性文化塑造方面，基本围绕政治、经济、文化、环境四个方面展开。从市政名人到科技名企，从环境优化到足球经济，从整体的城市规划开始，大规模的旧城改造和拆迁，使大连在城市建设方面很快就走在了全国主要城市的前面，欧式建筑与现代建筑交相辉映、星罗棋布的城市广场、花园式绿化等。

检索大连的名片箱，在过去20多年里精心打造了一张又一张城市的“名片”，荣获国家“园林城市”、“世界花园城市”等多项殊荣，并被誉为“北方明珠”。在政治名片、经济名片、环境名片同时打造的基础上，大连这座城市特别注重盘整既有的城市资源，在清晰的城市形象的定位的基础上，进行文化名片的塑造。时尚表演的频频造访、文化名人的群体性莅临，这更多地体现在大连服装节和城市足球上，天桥上的云霓风光、城市足球的魅力，不仅使大连出镜率提高，更传达着大连充满活力、全速发展的新兴海滨城市的特质。大连已经赢得长足的发展，未来还将赢得新的发展。

自然环境与城市发展融合较好的沿海城市——青岛，在独特城市品牌形象的塑造上，又体现了不同的思路。与大连不同的是，青岛市工业名牌远远大于城市品牌。青岛的企业品牌在全国是有名的，形成了以名牌企业集团为支柱的工业体系。在有了工业名牌之后，青岛开始注重城市品牌的建设。这样的一种思路与方式可以称为“产品经营模式”，即通过把最好的产品输出到区外来获取收入，从而带动城市的基础设施建设。

与大连关注城市环境相比，青岛没有像大连一样在城市整体形象塑造方面做太多工作。青岛本身巨大的魅力和不断崛起的城市经济，也足以让人侧目。除以海尔为代表的明星企业为青岛的经济注入新的活力之外，青岛也同样享有盛誉，啤酒节、海洋节等有声有色。

凡是去过青岛的人都知道，青岛的美，美在色彩，碧海、蓝天、绿树、红瓦、黄墙，这五种色彩代表着一种令人心旷神怡的民乡情调。青岛的美，美在结构，道路的规划主次分明，错落有致，依据地理环境优势建造的房屋高低错落，层次颜色各异。青岛的美，美在和谐，山、海、路、建筑融为一体，整体环境和谐。过去的青岛形象标志是栈桥，现代的标志是红色火炬——五月的风，这两个不同的形象建筑，就能使人感受到时代的变迁与进步。

青岛市在成为2008年北京奥运会帆船赛的唯一合作伙伴之后，借着奥运会的东风，青岛市人民政府除了为以海尔为代表的明星企业注入活力之外，还在《青岛奥运行动规划》中提出“利用青岛山、海、城一体、人和自然和谐共处的城市特点，做足海上运动的文章，高标准、高起点地规划、设计奥运场馆和配套设施，使青岛成为帆船之都，成为中国乃至世界知名的海上运动教育、科研、运动、休闲中心”的规划。为此政府成立了“帆船之都”品牌设计推广办公室，全力打造青岛的城市形象，青岛“帆船之都”的形象标志也就在此背景下诞生了。

在之后城市形象的推广中，通过承办国际帆船比赛等活动，加强了青岛城市品牌形象的宣传。结合青岛本身所拥有的优秀资源与巨大魅力，在海尔、海信、澳柯玛、双星、青岛啤酒等工业品牌与旅游品牌的基础上，成功塑造了青岛的城市品牌形象。在奥运会来临之际，漫步青岛街头，抬头可见一件件动感十足的雕塑作品，这些塑造作品为城市“帆船之都”的整体品牌视觉形象增添了鲜亮的一笔，尽显这座海滨城市的活力与热情。

📖 二、地域文化影响下的城市品牌视觉识别系统

城市品牌视觉识别系统，就是指城市的外观形象。这一形象层面在城市中因其显著的造型、外观、体量、面积、色彩、结构等，呈现为城市的外在因素，给人留下印象。视觉识别设计在城市品牌建设中，具有独特的作用。在人类获得的外部信息中，有83%来自视觉，视觉识别设计是受众能够最直观感受到的信息。同时，视觉识别设计的传播途径是最广泛的，内容灵活多样，受到受众欣赏水平的影响相对较小。如果设计得当，理解力较低的受众即使难以理解其内涵，也会对图形等信息留下深刻印象。

因此，在视觉识别设计过程中，必须树立战略性的品牌设计思想，概括为以下几点：强烈的视觉冲击、精确的概念传达与独特的识别记忆。

阿根廷著名平面设计师巴布罗·康斯特说：“无论是传播者也好，接受者也好，我们共享着的不仅是物质空间，还同样共享着视觉空间，并且我们都同样是自身产物的见证人。”建筑物景观、道路交通景观、商业景观、旅游景观、人文景观等，都可以成为城市品牌的直接体现，也是城市品牌的特色基础。只要有一个或几个极富个性的视觉景观存在，

就能使人强烈地感受到这一城市视觉形象的魅力。上海外滩的“万国建筑群”，已成为上海无法替代的建筑景观标志；沈阳的故宫、中街商业步行街等，已成为沈阳亮丽的风景线；北京的天安门广场，已成为北京乃至整个中国形象的视觉特征，而天安门的升旗仪式、济南交警的上岗风范、苏州的小桥流水、哈尔滨的冰雕等，同样也都是城市视觉形象的典型特色。城市品牌视觉识别设计的专业性、直观性很强。

下面，我们主要从国内外城市视觉形象识别的部分设计表现中，对其城市地域性文化的思考进行相关的分析与研究。视觉形象系统基础与应用的两个方面大致包括：城市标志设计及其延展（城市品牌标志、城市品牌标准字、城市品牌标志和标准字的标准组合）、城市品牌识别色彩体系的规划、城市品牌视觉识别的辅助图形；城市品牌广告（公交车体、户外广告）、城市基础设施（包括交通导向牌、路灯、电话亭、书报亭、座椅等相关内容）、城市纪念品（旅游景观、人文景观）、城市大型活动的举办及城市政府等法定机构、企业的形象等几个方面。

（一）城市品牌视觉形象识别之基础系统

1. 浓缩地域文化视觉化的城市标志设计及其延伸

城市标志不是每座城市都有。比如，武汉市的黄鹤楼、岳阳市的岳阳楼、杭州市的六和塔等，都可以说是城市的标志物。

城市标志的另一个内容是城市市花、市树等的选择。另外，带有地域性文化的符号性标志的设计，也渐渐被国内的许多城市设计与采用。1977 年，纽约设计了自己的城市商标“ILOVENY”（我爱纽约），受到纽约人甚至全世界人的喜爱。它作为一种符号，已成为人们对城市的感知或感受。

我国香港地区城市品牌标志，从创意设计的诞生到在城市品牌宣传的实际应用，都得到了公众的一致认同，这也证明了香港飞龙图形，以及文字、色彩、标准组合等的标志及延伸设计，具有很高的识别性。接下来，我们具体考察分析一下它的标志设计。首先，在图形方面，标志巧妙地隐含了中文“香港”和香港英文的缩写 H 和 K，以图形反映香港东西方文化兼容并蓄的特色；标志图形的设计富有动感，充满时代气息，代表香港人勇于冒险创新、积极进取的精神；飞龙的流线型姿态予人前进感和速度感，象征香港在百年历史长河中不断蜕变、演进。其次，“亚洲国际都会”的大标题在设计上和核心标志融为一体，突出了香港城市品牌的定位。最后，主色彩沿用了反映中国传统文化的红、黄、黑色系，龙身的红、黄表现城市向上奋发的活力，而黑色则承袭了中国书法的精髓，旨在反映香港与中国历史的渊源。中英文字体的设计力求体现时代感和美感，字体工整，线条简洁，与标志搭配相得益彰。

谈起城市的标志设计，“帆船之都”青岛城市标志的设计，以体现海文化为主，也深具地域性文化的特色。城市标志的图形似一艘扬起风帆、正在远航的帆船，隐含着“青岛”两个字的开头字母“Q”和“D”的缩影。整体简洁、明快，充满张力和动感，富有浓郁的现代气息；主题鲜明、色彩丰富，蕴含着奥运五环，又体现了青岛是2008年奥运会帆船比赛的举办城市和岛城“红瓦绿树、碧海蓝天”的城市特色。它像一张五彩的城市名片，向人们展现出一个崭新的、发展的、充满生命力的青岛。

城市标志代表着城市形象，在一定程度上体现了城市的理念，还可以直接作为一座旅游城市的标志或文化符号，直接为城市经济与发展服务。因此，一个良好的城市标志要具备能够满足让大众产生共鸣性感知，反映城市人特有心理的文化符号的特征。

2. 提升地域文化感染力的城市视觉识别色彩体系

色彩本身就有一个叫作第一视觉的特性，它总是能够第一时间抓住我们的视觉焦点。放到城市这个环境来说，色彩也可以叫作城市的第一道风景线。色彩能够以突出的视觉特性彰显城市的历史脉络和本土风情。

我们来到一座城市，感官首先接触的是那里的建筑和环境。从人的感官角度来讲，城市的色彩就是城市的个性。某些自然环境的色彩是鲜明的。例如，海洋的蓝，森林的绿，沙漠的黄，或者热带的红，寒带的白等。但是，如果用这些自然环境特征代表城市的颜色，仍不免雷同。

比如说，世界上有许多城市濒海，它们都可以称作蓝色城市了。不同的城市本身有不同的色彩资源，本身就会有不一样的色彩特质，每一座城市的历史文化传统不同，对城市色彩的影响也就不同。

例如，对苏州城市色彩的定位，我们重在体现抒情、精致、温婉的江南水乡的意境，主要归纳为素净、淡雅的特征，像浅灰、米白、青色等。而厦门在做色彩规划时，色彩特征大致归纳为清新、生动而又不乏深沉的底蕴，如蓝色、砖红色等，把濒海休闲与闽南传统的红砖文化融合在一起。又如，广州是一座临海的、靠近北回归线的城市，日照时间非常长。广州城内现在已经很少能看到清代或者清代以前的岭南传统建筑，更多的是西洋式建筑，或者是中西合璧的骑楼式建筑。这类建筑的色彩，多是用涂料呈现出一种粉彩画的效果。所以，对广州的色彩特征，我们归纳为明媚、亮丽而饱满，如柠黄色、翠绿等象征性的色彩，这套颜色的光感非常强，是能感受到广州阳光明媚和四季花城的色彩图景。在现代城市中，城市品牌色彩体系的定位作为城市视觉形象体现重要的一部分，要通过一种比较巧妙的手段传达出来，使每座城市的色彩体系，不仅具备一定的本土审美情趣，同时，又具有城市形象显著的识别性与代表性。

3. 蕴含地域文化象征性的城市视觉形象辅助图形

辅助图形是为了充实和丰富品牌的视觉形象，在标志的基础上，进行辅助图形的设计。它与标志、标准色、辅助色相辅相成，它有使标志在实际运用中达到丰富视觉效果、统一视觉形象的双重作用，从而使最具代表性的品牌视觉形象得以正确地塑造，建立社会公众的一致认知。辅助图形的设计元素，一方面，可以是从标志的设计元素中直接提取，也可以超越标志，从与整体品牌形象塑造的理念中进行提炼。但是，要注意讲求设计理念与表现手法的统一，或者在设计创意表现上做相关的延伸，具有较强的灵活性。

城市品牌视觉识别的辅助图形主要是指，用来配合城市品牌标志及城市吉祥物进行城市品牌识别、传播的基本图形或图案。城市是一个由人组合而成的集体，因此，在进行城市品牌视觉识别辅助图形设计的时候，要特别站在公众的角度，争取图形设计在辅助城市标志等宣传的时候，能更加地亲和、生动且给人以地域的归属感。丰富深厚的地域文化对城市品牌形象辅助图形设计的参考，总是源源不断的。在凝聚着时空感的城市空间中，同一象征理念总有着多种指代的事物，这就要求我们从浓厚的城市地域文化中，寻找到最有代表性的图形设计创意源泉。

当然，城市品牌视觉识别辅助图形的设计，是视每个城市品牌形象宣传的需要而采用的。重庆市城市品牌视觉识别辅助图形的设计，就是从其标志设计文化中提炼出来的，以象形文字为元素的组合图形，应用在城市标志宣传海报的设计中，与标志图形相融合充分传达了重庆市的文化根源、民族性格、人民生活与环境地理。城市品牌视觉识别的辅助图形设计，是要与城市整体的自然、社会历史环境的氛围相协调的，并尽量做到适合在多种载体上进行城市品牌形象的应用和传播。

（二）城市品牌视觉形象识别之应用系统

在城市品牌基本识别符号系统建立起来之后，就需要进行品牌形象识别应用系统的策划。这种策划是要因时因地进行的，每座城市的规模、发展程度、经济实力不同，对城市品牌视觉识别的具体实施也不尽相同，要根据城市自身的实际情况分阶段进行。城市是人类特有的聚居体，不同城市也有许多共性，不管是东方还是西方的城市。

下面，我们先从城市品牌视觉识别实施的共性因素来进行分析，总结出一些具有普遍性的运用载体和媒介物，然后才能在进行城市的品牌视觉识别设计时，加以选择和运用。城市品牌基本识别符号系统，可以在城市中进行传播和应用的途径或要素，具体归纳如下：

1. 与地域环境融合的城市品牌广告

城市品牌广告是指，利用现代各种传播媒体为媒介做广告宣传。根据媒体的类型，可以划分为城市品牌的电视广告、报纸广告、网络广告、杂志广告及户外广告五大类。但是，根据不同媒体各自的特点，以及城市品牌塑造的不同阶段与城市发展的特点，可以有目的、有计划地采用几种最有效的广告形式。例如，周期性比较短的电视广告和报纸广告，可以选择在城市品牌全新发布之初的一段时期内集中投放，效果会比较显著。持续时间比较长的网络广告、户外广告，就需要在一段时间内，对相关传播内容进行及时更新，不断吸引人们的注意而达到加强城市品牌形象传播的效果。比如，公交车体广告、公交站牌宣传海报等。

2. 以人为本的城市基础设施

城市基础设施是城市中最普通、最常见的，但却是构成城市机体必不可少的一些环境设施。比如，城市公用电话亭、书报亭、路灯、公共座椅、便民垃圾桶等。它还包括服务市民及旅客的城市地图系统、城市导向、道路标识系统、照明系统等，这些城市基础设施，既为人民生活提供便利，同时，也成为了衡量一座城市基础建设的水平和程度的标准。就像城市里的照明系统，不仅要亮起来，还要讲究灯具颜色，城市与城市之间有区别，街道与街道也要有区别，但这些颜色还要有一个共同点，就是体现城市的精神和性质。城市中地域特色的视觉导向设计在交通道路和城市街道的应用中也具有重大的意义。对社会的交通、人流的分布、区域的划分以及人们的生活起到了十分重要的作用，它带给人们极大的方便，并且可以提升城市的竞争力。

如日本的地图系统就非常完善。在道路标识系统方面，为了识别不同的路线，方便出行和管理，日本采用统一的道路编号系统，一般道路的路线编号主要分为国道编号和都道府县道编号，其中国道编号为盾形标志，都道府县道编号为正六边形标志，使人一看就知道该如何行驶。对其他国家的城市而言，这些细节考虑的精确与全面就已经是日本这个国家及城市的特色与地域形象的代表，深入人心。

又如英国伦敦地铁分布图，从视觉信息传达的角度，它是在城市视觉形象道路导向设计系统中比较成功的案例，给这座城市市民与游客出行带来了便利，影响到全世界所有地铁、铁路和其他交通工具的导向版面的设计。时至今日，我们仍然沿用这个设计，上海实施的轨道交通示意图就采用了“颜色来区分线路”的方案。因此，要想成为一座地域性明显的国际化城市，建立起城市品牌基础识别符号系统，并把它应用到城市基础设施的建设与形象表现中来，使城市品牌视觉识别符号遍布城市的每个角落，构成城市品牌视觉识别的一道特色风景线，让人们处处能感受到城市品牌塑造者和经营者的匠心独在，对城市品牌的塑造和宣传将是大有裨益的。

3. 展示地域文化影响力的城市形象产品

形象产品是城市形象的脸面或名片，在某种意义上说，形象产品可以成为一座城市走向世界的通行证。它是某座城市，某个区域具有代表性、象征性的产品。同时，它还应该是所在城市、区域的居民深感认同与荣誉的产品。赋予特色、赋予情趣、赋予竞争和创新，也是新时代要求产品应该具备的特征，一般人们到外地出差、旅游或探亲访友，总会带一些自己家乡的特产给亲人、朋友，且总希望带一些当地的特产回家，作为纪念或是馈赠亲友的礼物。因此，地方特产总是非常受欢迎，成为人们交往和沟通情感的媒介和纽带。倡导与开发城市的地域性文化特色的地方形象产品，正是新一轮城市竞争发展大潮中必须认真关注的重要环节。

另外，它具有流通快、范围广、数量多的特点，可以成为城市品牌形象识别的很好载体，通过对这些城市形象产品的开发，以及外观的包装及宣传设计，对城市品牌视觉形象的传播将会取得很好的效果。

依据上述的概括，城市形象产品大致可以划分为以下几种类型：

（1）传统名牌产品：这是最为典型的形象产品。比如，苏州的刺绣、杭州的丝绸、北京的烤鸭等。悠久历史所形成的精湛工艺和深远影响，往往使得这些产品几乎可以成为其所在城市的代名词。

（2）地方特色产品：主要是指那些在一定地域范畴内有相当影响并有相当市场的产品。比如，拉萨的酥油茶、青稞酒，宁波的咸蟹等。生活习性决定了有些地方名产很难走出其特定的区域范围。包括那些因产量有限，而只能在当地自产自销的工农业产品和因生活习俗所限，只为当地居民所必需的手工艺品、生活用品等，都是地方形象产品的重要类别。

（3）文化创意产品：这实际上也是一种比较特殊的资源开发产品，它更注重于产品的创意和产品所包含的历史文化内涵。比如，香港特区的回归纪念表、青岛的“五月的风”微缩雕塑等，都是典型的根植于当地历史文化内涵的形象产品。就未来社会都市生活的发展需求和情趣而言,这类产品的市场前景,很可能是极为广阔的。

(4)资源开发产品:这类产品如吉林的参、大同的煤、歙县的墨等,依据得天独厚的时空和地理优势,加上当地劳动者的勤劳和智慧,造就了独一无二的历史名产。像西安的兵马俑仿制品、海口的椰汁等,虽然历史并不长,但却也同样有着不可替代性,其鲜明的形象特征是谁也奈何不得的。

4. 体现地域文化凝聚力的城市标志性景观

城市景观的构成系统有多种形式。如主体景观系统、道路景观系统、空间景观要素系统、节点系统、活动系统、空间符号利用系统、城市轮廓系统、高度系统、历史传统景观系统、方向标识识别系统、旅游观光系统、自然风貌系统等。其中标志性景观系统是人们很注意的一种系统,即一个城市的标志性建筑或标志性景观,一般表现为"之最"或"唯一"的特性。包括直观的如建筑、小品景观、雕塑等。另外还有具有特定象征意义的雕塑、建筑物与历史街区,以及与之相呼应的识别系统等。一个独特有个性的城市,应该有世界唯一或区域性第一的景观。景观的唯一性,也是城市的差异性表现之一。比如一提到巴黎首先想到凯旋门、埃菲尔铁塔;一提到北京首先想到故宫、天安门或长城;一提到西安想到大、小雁塔。在某些时候、某些场合,城市被浓缩为一座标志建筑、一个标志性景观。

说起上海大家肯定想到了外滩、南京路、浦东陆家嘴地区的金茂大厦、东方明珠电视塔等,这些体现一个城市的性质的标志性景观都成为了一座城市的"形象代言物"。而上海的显赫不仅在于国际金融和贸易,上海的文化远居其他一切亚洲城市之上,它的真正价值在于它特有的文化品位。如里弄文化、建筑文化、电影文化、租界文化、外滩文化、名人文化、服装文化、语言文化、市民文化、博物馆文化、广场文化、老字号文化等。这座城市文化的稳定性,还是非常明显的,它所体现在城市视觉形象中的城市景观与政治、地域性文化和历史意义,都是十分重要的。而近几年很多城市往往会为了创建"标志性"景观而去建广场、建筑、雕塑等,反而失去了城市自己的特色。像悉尼歌剧院、苏州博物馆这样的标志性建筑,深谙城市的精神与地域性文化,都给人以历久弥新、过目不忘的印象。因此,在城市品牌战略中,城市标志性景观作为城市品牌视觉识别的一种途径,可以根据城市品牌的定位、理念及识别符号形象来选择形象要素进行城市标志性景观的设计、修建,从而形成城市独创的标志性景观。

5. 综合地域文化特色的城市大型活动

在城市形象的塑造中,注重在盘整城市文化资源的基础上,创造出与大众市民文化和社会发展相适应的交流活动，并且在活动的城市内与城市之间区域的宣传中，视觉信息的传递上要注重突出表现地域性的文化特色，从整体上提升城市品牌的形象，争取创造一种城市独特的品牌文化。城市举办的大型活动，如经济交流活动、体育、文艺活动等，是城市进行经济、文化等对外交流的绝好机遇。通过举办大型活动，来大力提高城市知名度，提升城市形象，美化城市环境和氛围，促进城市发展的国际化，对加快城市自身品牌的发展具有重要的意义。

举办大型活动，正面推广、营销城市，是一个城市形象和城市文化水平、城市文化特色，及城市文化整体性的体现和象征，凡是世界上一流城市都有世界一流的城市文化活动，或者通过举办大型的国际活动而名声远扬。例如，世界影坛的戛纳电影节是世界上规模最大的电影盛会之一，它使戛纳这个法国南部的海滨小城被世界影人视作影坛圣地。国内同样也有一些城市如大连、青岛、潍坊、杭州等，就根据自身的地域文化资源，成功举办了服装节、啤酒节、风筝节与动漫节等，其不同地区的文化特色通过活动的宣传与体现，都在一定程度上对城市品牌及形象的塑造起到推动作用。因此，体现城市历史传统和地域优势活动的创造，也是城市品牌视觉形象的推广的一个重要途径。

6. 统一的城市企事业机构形象

城市的政府等法定机构代表着城市的政策和对外交往的城市形象。因此，也必然成为城市品牌符号系统识别和传播的窗口。

城市政府可以进行城市品牌识别的应用要素主要有：城市旗帜、城市手册、政府办公用品、政府对外交往用品，包括城市礼品、政府接待物品、车辆等，城市品牌视觉识别，可以在这些要素中选择一些进行应用。城市品牌标志不一定仅限于城市政府使用，包括城市的一些法定机构，如法院、司法局、税务局等，也可以与城市品牌标志一起使用，作为城市机构的代表符号，有效地促进城市品牌视觉识别符号系统的广泛识别与传播。

三、地域文化在城市品牌视觉形象中表现策略的思考

（一）城市品牌形象定位的确立

城市形象的选择主体是谁？谁最终决定城市形象的发展？

伦敦在城市建设目标的选择上，通过几十名专家的论证，提出了城市建设的七个主要概念目标，处于第一位的是“让伦敦成为充满选择机会的城市”。这既是一种城市形象的定位，也是城市形象模式的一种选择。

城市越来越现代化了，城市的结构与内涵越来越趋于同一。在古老的华夏民族文化圈中，人们对城市的感受更多地是集中在十几座所谓的名城上，相当多的城市或许是被人遗忘了。我们也越来越发觉，这种现象是城市的个性因素不足，城市的形象要素极不充分导致的。

城市独特的富有地域性文化特色的城市定位，犹如城市品牌建设秉承的精神理念，作为一种标准衡量着城市的视觉形象系统的塑造。追求年轻奔放、遗风古韵还是休闲旅游，对于城市中视觉形象设计要素的选择与风格的定位，都有着决定性作用。因此，在城市视觉形象建设中，要慎重处理城市形象定位，从城市自然、历史人文、经济等错综复杂的对象中，抽离其中的要点并概念化，进行可行性研究论证。

这些要点及概念应该能综合反映出城市的地理面貌、乡土特点等的地域性，城市政治、经济、宗教、民族、科教、历史、文物、民俗等多种因素综合的文化性，还有对空间意义的地域与文化特性补充的时代性特征。它们是城市发展的必然要求。三者的结合就能充分展现城市的脉络，体现概念对城市的时空意义，推演出城市鲜明的个性。通过对其中元素的整理和提取，城市视觉形象系统力图在到位的城市定位的引导下，使城市达到整体统一，而这也是城市品牌整体形象设计要达到的目标之一。

（二）地域文化在城市品牌视觉形象中体现的思考

城市品牌的视觉形象系统，是城市历史变迁的表现符号，其外在形式可能由于岁月流逝、自然环境作用和人为的原因，或变得陈旧，或遭到破坏。也有些景观因其充分表现了历史的内涵，在历史的变迁中给人以沧桑的伟大，给人以历史的纪念。因此，对城市品牌视觉形象系统的设计与运用，应结合城市自身特有的自然、历史与人文资源的特殊性，以城市中人们生活的新价值、新享受、新观念和与自然和谐相处为导向，挖掘丰富深厚的文化内涵，提高其文化品质，并尽可能采纳现代科学技术，使之具有恒久的、富有生命力的美感和情趣，使城市品牌视觉系统要素成为城市可积累的财富，而不是随着时间的推移成为被历史所抛弃的文化弃物。

城市的视觉形象设计中，对于地域性文化的体现，一方面，要从这座城市自身的文化中来提取元素，如建筑文化景观、旅游文化景观、绿色文化景观、水文化景观、历史文化遗存景观等。每一个文化景观系列又可以分解出新的子系统，像城市建筑中的屋顶文化、广场文化、窗户文化等，这些文化符号都是城市形象外在表现的可提炼元素。另一方面，在具体的城市视觉形象设计的过程中，要在充分考虑这座城市的整体地域性特色与市民公众的心理审美情趣的基础上，进行设计元素的整合与再创新。

国外很多城市的视觉形象元素具有民族文化属性和特色。日本东京的城市标志“龟之子”，是典型的从历史文化中吸取创意来源的例子之一。龟在日本文化中较流行，并有一定特殊意义和解释，其有智慧、忍者、长寿、吉祥、稳健、平和等内涵。20 世纪 90 年代，东京为了创造新的形象，导入了城市 CI，设计师根据市民提出的想法进行标志设计，其要求以黑白基本形、彩色基本形、变化展开形等形式为主要内容，并考虑到图案化、典型化、应用性、立体化等因素，在进一步征求市民意见的基础上，综合专家的意见，评出东京新都厅的标志。而东京城市的新标志设计则与日本民族崇尚自然的文化传统与生活理念，是一脉相承的。其构成的结构内容是：标志的中间为隐性英文字母“T”字，由三个同样大小的圆弧构成，表现了正在发展中的东京的跃动感、生命感、气势、威严，以及平衡地成长。有评论说“设计明确，象征性、视觉性、再现性均表现出色”。相关资料证明，在东京城市的 CI 设计初选方案中，大部分标志都隐含有“T”字，植物的花与叶也有很多表现，充分体现了日本民族崇尚自然的文化与心理。另外，也有人认为，城市标志采用字母作为其重要的设计要素，充分表现了世界经济发展的全球化趋势。

在城市视觉形象应用系统的导向设计中，会经常需要用图形符号来表达方向、逻辑等抽象的含义。图形传达思想的方式，已经被现代城市中的导向设计所采纳，而其中的“用来标明方向、区域的图形符号”，往往能够体现出人类最深厚的情感，能够从不同的意义和不同层面上展示城市形象、特色和特质。

如广州街区就有从市花中提取出来的设计元素，呈现木棉花形状的道路指示牌，这种具有强烈地域文化特征的城市品牌视觉形象识别，就容易给人以深刻的印象，并为大众接受城市创造了更多信息交流的媒介。

城市品牌视觉形象道路导向设计系统中采用“颜色来区分线路”的方案——1933 年，英国设计家亨利 · 贝克（Henry.C.Beck）设计的伦敦地下铁路系统分布图，进行了版图设计上的三大变革，即色彩变革、图形变革和字体变革，奠定了现代交通导向版面设计的基础。首先，他利用鲜明的色彩标明了各条不同的地铁线路，人们可以瞬间直观地判断出自己的位置及要换乘的线路和方向。其次，他把线路简化成直线，把站点和线路交叉点用圆圈表示，但他不把最复杂的线路交错放在图的中心，完全不管具体的线路长短比例，只重视线路的走向、交叉和不同线路的区分。最后，他还创造了简单的无装饰线字体“铁路体”。这三项改革使乘客对地铁线路一目了然，用最简洁的方式达到了最强的视觉传达效果。

当然,亨利·贝克(Henry.C.Beck)的大胆创新与尝试,与当时英国这个国家本身所具备的经济、文化等发展状况,是一脉相承的。不论是道路标识的图形还是色彩,包括字体,都有一种国际主义视觉形式的倾向。

由上述我们可以看出,视觉形式的产生是人与对象共同作用的结果。人脑中存在着一种先验的图式,加上后天的实践,最终形成了人的本有的形式,而同时,对象的形式是一种客观存在。视觉形式的形成,是客观对象与人的视觉能力、心理能力共同作用的结果。

在视觉传达设计中,设计师是信息的发送者,传达对象则是信息的接收者。因此,视觉传达包括两个基本概念:"视觉符号"和"传达"。

所谓"视觉符号",就是"视觉语言"。犹如单词是语言的基础,设计中的形状、色彩、质地、结构和反差等要素同样构成了视觉语言的基础,这就是视觉形式。贝拉·巴拉杰认为:"正是因为视觉的传播的直接性,因此,它必定在比语言更深入、更生动的体验层次上与人们的心灵相联结。"而与文字语言不同,视觉语言沟通的前提是设计者与观看者都能够理解的视觉语言叙述。这样才可能在最短的时间内引起观看者对该内容信息的感知和联想,正如城市视觉形象元素必须要从城市独特的地域性文化中提炼出来,并得到公众的一致认同与归属感一样。视觉语言的叙述风格还必须顺应设计思想的需要,一切以准确表达思想为准,好的视觉语言往往能够打破传统视觉感知习惯,体现独具一格的创造性内涵。而"传达"是指信息发送者利用符号向接受者传递信息的过程,它可以是个体内的传达,也可以是个体之间的传达,如所有的生物之间、人与自然、人与环境以及人体内的信息传达等。它包括:其一,"谁";其二,"传达什么";其三,"向谁传达";其四,"效果、影响如何"。视觉传达设计的主旨是信息的准确传输,设计师的工作不是要填满所有的空间,而是要使信息清楚、易懂和吸引人。这也就要求城市品牌视觉形象系统的设计是在准确提炼应用设计元素的基础上,对设计手法的运用上进行深入考究。比如在重庆城市标志与户外海报的设计中,古老的象形文字组合而成的辅助图形与标志中的毛笔笔触相得益彰,带有浓郁民族风情红、黄、绿色彩的融合与虚化处理,不仅对重庆市的主标志起到了烘托作用,同时与图形相结合,使人能深刻地感受到,重庆市欢乐喜庆的人民生活状态与阳刚热情的民族地域性格。

第六章 河北城市景观风格的变迁及趋势

第一节 河北省地域特征

一、自然环境特征

（一）地理位置

河北省大部分的地区均属于华北平原，北部承德、张家口部分区域属于内蒙古高原，从古到今，都是京畿要地。河北地区在以前为直隶省、冀州，故简称为“冀”。河北省紧邻首都和北方最为重要的天津港口，西部则与太行山相接，东邻渤海湾。河北省历史悠久，地形地貌复杂多样，因此省内又形成了多样化的地域特征。根据地理条件、历史文化，河北省被分为冀北、冀东、冀中、冀南四部分。

（二）地形地貌

河北省是一个中纬度的地区，为海洋和大陆的交接地带，地形地貌复杂。河北的地貌较多，其中包括高原、山地、盆地、丘陵、平原等，其中最为重要的就是坝上高原、燕山和太行山脉、冀西北山间盆地、华北平原几类地貌单元。全省大的地貌在分布上井然有序，总体呈现西北高、东南低的地势，西北部主要分布着高原、山区和丘陵，其中又夹杂着谷地和盆地，中部和东南部为广阔的华北平原。

冀北地区主要是张家口、承德一带，其中有坝上高原、冀北山地、冀西北山间盆地。高原分布在其西北部，属于内蒙古高原，俗称“坝上高原”；冀北山地是华北平原向内蒙古高原过渡的区域，主要由山地和山间盆地组合而成。

冀东地区指的是秦皇岛和唐山，其中主要是燕山山脉东段丘陵地区和山前平原地带，地势由北向南逐渐降低。燕山有丰富的水资源，是滦河、潮白河等多条水系的诞生地和汇流处，这里的地带性植被为落叶阔叶林。

冀中、冀南地区主要由绵延的太行山脉和华北平原组成。太行山脉大致呈南北走向，主要分布在河北地区西部，地形复杂多样。河北地区平原属于华北平原的一部分，分布于河北中部以及东南部一带，海河流域贯穿全省，平原地势平坦。

（三）气候特征

河北省位于我国的东部沿海，这个地区的气候总体上属于温带季风气候，全年四季分明。在建筑气候分区中，河北大部分地区属于寒冷地区，冀北部分地区属于严寒地区，这对建筑及景观的影响都非常大。

二、植物特征

由于气候、土壤条件有一定的差异，因此各地独特的代表性树种不同，表现出一定区域的地域特征，隐喻一定区域的地域文化内涵，现已成为一个城市的象征之一。河北省地处暖温带 - 温带，自然生态环境复杂多样，生长的植被类型比较齐全。气候特点、土壤条件的不同，导致各地植物种类的不一样。

三、人文特征

（一）历史沿革

河北地区的历史较为悠久，而且文化底蕴丰厚，在不同的地方都有历史遗迹。河北历史文化的特色基本上以燕赵文化为基础，另外还有以古中山国文化为代表的“小文化板块”。

秦代，在秦始皇推行了新政之后，开始实施郡县制，其将秦国分为 36 个郡，后来又增加到 40 个，设置在河北地区的郡有 8 个，主要是渔阳、巨鹿、邯郸、广阳、中上谷等。汉代将国家划分为 13 个刺史部，即历史上统称的 13 州，河北省的北部隶属幽州刺史部，中南部则划归冀州刺史部，其他如张家口北部地区则是匈奴等少数民族活跃的地区。汉代之后，河北境内的幽州和冀州已经成为地方最高级别行政区域，并且一直延续到南北朝时期。唐朝初期，以主要的江山和河流分布将国家分为 10 道，当今河北省主要是河北道，也有少部分隶属河东和关内两道。宋朝初期将全国分为 15 个路，当今河北省辖区内分河北东路、河北西路 2 个路作为行政区域。元朝时期，实施行省制，今河北的大部分地区归中央中书省直接管辖。明朝初年今河北大部分为北直隶省，后永乐帝迁都北京，当今河北辖区绝大部分属于首都北京管辖。清朝则继续沿用明朝的行省制，河北省的行政区性质不变，仍是直隶省。民国成立之后，河北境内大部分地区仍然是直隶省，后又把河北地区分为察哈尔、热河、河北三省。1949 年，中华人民共和国成立后，仍为河北省。

（二）文化因素

虽然河北相较于其他地区似乎没有什么特点，但是河北是中华文明一个重要的发源地，经过千年的日积月累，同样形成了丰富而独特的地域文化。

河北的文化主要可以分为四个方面：

一是革命文化。在河北，我们可以看到很多的革命根据地，这些地方有很多动人的革命故事。如西柏坡中共中央旧址、狼牙山五壮士、地道战遗址等都体现了河北在战争年代不可替代的历史作用。

二是燕赵文化。燕赵文化在河北有强大的群众基础，主要是北燕国、南赵国和中间的古中国。“慷慨悲歌，好气任侠”是燕赵文化的主要特征，古代燕国是北方民族战争和融合的重要地区，“庄周梦蝶”“邯郸学步”“完璧归赵”都是赵文化的代表。

三是长城文化。长城是中华民族的精神象征，承载了悠久的历史文化。从春秋战国到明清时期，各个朝代都在河北建造过长城，河北是长城保留最多、保存最完好的省份之一。从“万里长城第一关”的山海关，到书写着“大好河山”的张家口大境门，河北的长城见证了草原文明和农耕文明的交相辉映，游牧民族和中原汉族的逐渐融合，关内和关外的战争与和平。各民族的分合共进，中华儿女抵御外敌、保家卫国的精神，是这个地方的印记。

四是明清文化。其中最为著名的就是直隶总督署、承德避暑山庄。河北在清朝为直隶省，而且从元朝建都北京开始就一直担负着护卫京都的使命。清代直隶总督署在保定，第二政治中心在承德，清朝皇家陵寝东陵、西陵都在河北，可以说河北省历史是一部清史写照。

（三）民间艺术

河北的民间艺术历史非常悠久，历经了千年风雨的河北有着很多深远影响的文明。河北民间戏剧河北梆子、评剧深受大家喜爱；还有唐山的陶瓷、衡水内画、蔚县剪纸、藁城宫灯等手工艺术；包含了开天辟地的神话、英烈传奇和当代的新人新事的耿村故事；以及建筑数百年的石头名村，代代流传的面塑、绣花等，这些民间艺术都是河北的自豪。

📖 四、河北地区建筑特点

河北省地方辽阔，历史悠久，在河北省境内因为地区、文化、历史等的不同，各地的民居也有了不一样的特色。冀东地区、冀北地区、冀中地区、冀南地区的居住建筑随着历史的变迁，与当地自然环境和文化结合之后，形成了自己独特的特点。

（一）选址和朝向

《管子》书中曾记载“非于大山之下，必于广川之上。高毋近旱，而水用足；下毋近水，而沟防省，因天材，就地利”。由此我们知道，自古自然环境都是住宅选址必须考虑的一个因素，环境的优劣与居民生活质量的好坏有着直接的关系，因此传统住宅在选址时要“依山就势，依水而建，因地制宜”。我国传统住宅设计理念十分重视地理环境还有水资源的问题，自然环境是居民建造优美舒适生活环境的一个重要基础。

依山势建造，利用地貌，这是我国民居优秀的历史传统。河北传统居住区在选址方面深受我国传统山水文化的影响，但是因为各地区气候和地形差异较大，又形成了各自独特的居住形式。

（1）依山就势，因地制宜。河北的地貌类型非常丰富，其中主要有山地、丘陵、平原，因为地理位置和当地自然条件的差异，聚落和居住建筑也不一样。河北省内的太行山脉和燕山山脉，群山峻岭，地势陡峭，这些地区的民居依据独特的地形，与周边的生态环境和自然风貌相呼应，形成了与其相适应的民居聚集区，还有其他风格的民居。如邢台县西部太行山深处的英谈村，整个村落隐匿于山水之中，与周围环境相得益彰。村民在建造房屋时，顺应山地地形，错落有致，体现了太行山区典型的住宅形态与建筑风格。

（2）背山面水，讲究风水。在古代非常看重风水理论，古人选择居住地的时候，通常都会避免产生不利影响的自然因素，这样就慢慢地形成了一个独特的文化现象。可以说，风水就是正确处理人和自然之间的和谐关系的重要因素，主要包含水资源、气候、地质条件等因素，使住宅能满足背山面水、坐北朝南、良好的日照条件等要求。如阳原县开阳堡，其地势中间较高并且平整，东西两边较低，南临土丘，面临流淌的沙河，犹如一只灵龟，故在当地有“灵龟探水”的风水说法。整个开阳堡布局整齐而方正，墙壁屹立，在历史的风雨中依然坚实如初。堡内布局与其他的南北中轴式布局截然不同，是几条街道形成“井”字形结构，即在东西、南北两个方位上设两条主要街道，将整个堡划分为九个部分，因此又被称为“九宫街”。

（3）古堡城墙，重视防御。此类民居大多数建在看上去较为平坦的盆地地区，以及平原地区，民居建筑较少受地形限制，一般具有明确的边界，轮廓也较为方正，有明显的中轴线，街道布局整洁。

（二）建筑布局与结构

河北民居的基本特征就是院落形式，大多是南北方向有明确的轴线，主要房间布置在正中间，其余的偏房布置在东西两边，院落有一进或多进两种形式。然而由于受到自然地形和气候等因素的影响，河北民居的建筑形式根据地域不同也有很大的不同。

冀南民居因为有着特定地域环境、地形地貌，因此他们的生活方式、历史文化也是不一样的，具有鲜明的地区特色，其特点是平面类型多样、最大限度地利用地形。最具有代表性的要数位于邯郸武安市的“两甩袖”与邢台地区的“布袋院”，它们大多数至今保存比较完整，形成了冀南地区独特的建筑风格。

“两甩袖”民居的主要特征是：院落布局多为合院式，整体建筑依山就势。称其为“两甩袖”主要是因为正房两侧的房间会各突出一间或半间，但总体上与正房还是一个建筑，类似于两只袖子，平面布局类似“凹”字形，正房建筑坐北朝南，有明显的中轴线，左右呈对称形式，中间是上房，左右两边配有厢房，院落主次关系明确，四周用院墙与外界隔绝。院落有单进院与多进院，其中尤以多进院设计巧妙、气势宏伟。规模较大的宅院会由多进院落构成，呈现“口”“日”或“目”字形。

邢台特色民居“布袋院”是按照“前店后住，前厅后楼”的形式进行建筑的。沿着临街商铺进行纵向建设，实际上还是合院，房屋主要分布在两侧，但是院落、房屋比较狭长，内部为生活用房，可以说是古代的“商住两用建筑院落”。

“布袋院”也是中轴对称的布局：院落中间是辅道，可以说是整个院落的中轴线，厢房对称地分布在中轴线两侧。大多数“布袋院”的入口不会正对中轴线，一般会偏离中轴线开到一侧，这样就不会感到院落太过通透，入口开到一侧私密性比较好，可以做到通而不透，这点在现代园林中也非常适用，符合中国人“内敛”的特点。与其他合院不同的是，“布袋院”的院落比较狭窄，一般根据“过厅屋”的数量来分一进院、二进院、多进院等，除了“过厅屋”，院落内还有倒座、正房和东西厢房等建筑结构。“布袋院”狭长的结构很好地满足了销售空间、储藏空间、主人居住空间、仆人生活空间、会客空间、休憩空间等多种功能需求，充分利用了土地空间，体现了功能主义的思想。

冀北民居和山西民居一样，因为气候干燥、地貌贫瘠，民居的院落规模通常都非常小，大多数是单进院。建筑普遍面宽较阔，进深较小，且较低矮，以一层为主。另外窑洞也是冀北地区非常重要的建筑形式，窑洞的院落组成形态既有单排的也有合院式的。另外冀北地区与少数民族地区接壤，十分注重防御性，因此，他们的建筑、院墙通常来说都比较高。

冀东地区的民居和东北地区传统民居非常相似，有相同的特点，并融合了冀东自身地域特点。除了通常合院布局特点，冀东地区的建筑多为一层，为了保暖，墙体比较厚；同时院落空间尺度比较大，有利于采光。据《燕行录》中记载，辽宁、冀东一带的“家舍之制，勿论大小，皆以一字造成”。这种“一”字形一般称为横长方形住宅，其中最普遍的是面阔三间住宅，或者满族的五开间住宅。

冀东地区天气比较冷，为了可以更好地采光，房屋之间的距离通常比较大，而且房屋组合也较为松散。冀中民居属于北京院落式民居沿袭风格区，以合院为主要布局形态，可以说是北京四合院根据实际使用需要做的“改版”；山区民居主要分布在太行山脉，典型特点是依山就势，完全与地形相结合，并且就地取材，直接用石头建造房屋，形成了独特的太行山区聚落空间。村内房屋依山就势，高低错落，院院相通，易出易进，形成了独具一格的古太行建筑风格石头民居。这里的院落空间格局非常灵活，具有山区的特色，同时也产生了丰富的建筑格局。

（三）建筑材料

河北省传统民居大部分是就地取材，它们的建筑材料基本上和当地的气候、地理位置有很大的联系，可以更好地形成独特的地域特色。其中山区民居多以石头砌筑，石头比较坚固而且实用，房屋可以在数百年的风雨中屹立不倒。冀南民居选择的建筑材料多为砖木，而冀北地区由于气候干燥，雨季较少，民居多采用黄土和秸秆为主要原料进行混合，建造独具冀北特色的泥坯房。

（四）外观艺术

河北民居对于当地建筑材料有非常独特的运用，具有特别鲜明的艺术特色。冀南民居在装饰上特别注意突出重点，以大面积的灰砖为基底，重点装饰檐口、屋脊、门头、柱础等部位，以雕刻、彩绘为主，形式丰富，工艺讲究。利用当地砖制材料制作的砖雕，做工精细，基本以地方民间传说和风俗传统等内容作为雕刻题材；冀北民居朴实凝重，虽有较少装饰，但仍具有自身特色，注重对民居建筑的重要部件，如屋脊、门窗、挑檐、照壁等进行重点设计，并充分利用当地建筑材料的特点，形式多样，绝不重复。原石、原木、原色，给人朴素自然的感觉，将我国人民的朴素智慧与历史文化表现出来。

第二节　河北城市景观风格的流变

现今河北各城市的住宅景观风格可谓是五花八门，层出不穷，欧式风格、现代风格、东南亚风格等汇聚在同一座城市，有时难免有些纷乱。新中国成立之前还未统一，新中国成立之后，特别是改革开放之后城市景观风格发生了翻天覆地的变化，目前的城市格局、景观风格是如何一步一步形成的呢？参考当代中国历史，以及河北省城市发展的历史，本书所研究论述的时间界限点为 20 世纪初至今，以此作为河北省城市景观风格论述的起点。

📖 一、中华人民共和国成立之前

中华人民共和国成立之前的住宅环境形态最稳定、统一。在河北某些城市中出现了既有河北合院民居特点，又有浓郁的中西合璧的民国建筑风格。如石家庄民生路上的住宅院落米家大院、常家大院，甚至整个街区的风格都较为统一，还有保定光园、邯郸王家大院等。

这个时期的主要特点是：首先，以合院的住宅形态为主流。一方面，延续传统建筑、院落风格，以砖混结构为主，有正房、耳房，大门正对有影壁，院中栽种有传统寓意的花木，石榴、枣树等；另一方面，引进国外的建筑形式、装饰和先进的技术，如采用西方的柱式、山墙等；其次，色调采用中灰色，给人以厚重的质感，并与河北的自然环境相协调；另外，建筑装饰丰富多彩，有脊兽、砖雕、石雕等，题材广泛，有龙、凤、麒麟、蝙蝠、喜鹊等动物，有葡萄、牡丹、桂花等植物花草。

📖 二、起步期（20世纪50年代）

中华人民共和国成立初期，国内百废待兴，在完成社会主义改造之后，国家发展的重点是在重工业方面，政府的精力主要集中在社会政治、经济秩序的稳定上，一切都还处于摸索时期，一边学习苏联模式，一边自力更生。在住宅规划和建设上也同样受到苏联模式和苏联风格的影响，以至于对住宅景观风格的把握并不成熟。当时的中国建筑师，一方面受到西方建筑思想的影响，另一方面又有着对中国传统建筑的眷恋，虽然现代主义建筑思潮在 20 世纪五六十年代的西方颇为流行，但是在中国特有形态主导的社会中，现代主义建筑思潮受到了影响，所以在建筑设计规划中提出了新的设计思路。基于这种思路，中国部分建筑师通过研究中国建筑的历史和特点，寻找传统建筑与以苏联为代表的社会主义建筑风格的融合途径，出现了在采用苏联建筑形式的同时加上传统建筑元素的住宅模式。

这个时期的住宅区开始出现了仿苏风格，学习苏联周边式街坊的住宅规划形式，即建筑沿周边进行围合，中间围合成院落，抵御寒风，并利于户外活动。此外建筑墙面多采用灰色或红色清水砖，屋顶为坡屋顶，并于其上设有排气孔。楼间空间的处理设置成简单的水泥地面，随机进行乔木绿化，在门窗或立面处理上添加中国元素。但是完全仿苏并不能满足本地居民的生活要求，如周边式街坊的布局形式没有照顾到沿街的噪声对中国家庭的影响，东西走向无法满足住宅对日照、通风等因素的需求。在经济落后的年代，那个时候的居住条件只能维持基本的物质生活，追求精神的舒适已经是奢侈了。

综上所述，这个时期注重学习国外理论和经验，引进邻里单位、居住街坊等，尤其以苏俄风格为主，本地的建筑师结合自身所学的西方建筑思想和中国传统思想，在认真调查研究和实践的基础上，建造了一部分有特点的住宅建筑，对住宅建设设计与规划做出了非常有意义的探讨和实践，初步形成了中国自己的居住区规划思想、理论和方法体系。在全国范围内典型的代表有完成于 1957 年的幸福村，它摆脱了早期学苏对称轴线的布局形式，格局自由，从苏俄的纪念性风格中解脱出来，室外活动等配套设施也较符合中国家庭的居住习惯。但由于“一五计划”时期国家的建设重点在工业，所以，在住宅建设上总体投资还是较少。

三、停滞期（20世纪60年代至70年代末期）

“一五计划”的提前完成，大大提升了中国百姓对社会主义的憧憬和信心。但是随着国际关系的变化，中国经济发展开始走向艰难，“勒紧裤腰带”发展重工业，使得国民经济发展失衡，自然就使得本来就处于次要位置、属于非生产性类的住宅建设进一步让位于工业建设。在住宅建设中，一方面“勒紧裤腰带”式的节约发展到了极端，在这个时期出现了一大批质量低劣、功能不齐全的住宅建筑；另一方面，“大跃进”运动导致我国新增 42 个城市，全国职工总数新增加 2868 万人，城镇人口平均每年增加 1000 多万人。城市人口的激增，使得城市本来就紧张的住宅需求更为紧张。

此时，重工业依然是我国政府的发展重点，这导致国内消费市场需求萎缩，城市扩张乏力。一方面，我国人口自然增长基数大，另一方面，工业项目的迅速发展，工厂工人的增多，带来城市人口的继续增加，人口与土地问题凸显，使得城市不堪重负。人们居住水平依然比较低，据统计，20 世纪六七十年代，人均居住面积基本在 5 平方米左右。面对这些情况，“勒紧裤腰带”式的节约原则成为住宅建设中的首要原则，减少对钢材等紧缺原材料的需求和降低住宅建筑的单位造价。盲目降低住宅建设标准，使得一批被称为“矮、小、窄、薄”的住宅涌现，给人们的生活带来了极大的不便。当时在住宅规划设计上，主要指导思想是通过简便易行的方式提供一定数量的简易住宅，快速解决城市居民的居住问题。这种粗放式的发展思路，体现在住宅设计方面，主要以住宅楼层低矮、单排行列为特点；在住宅规划中，利用中国传统的坐北朝南行列式设计住宅，这种方式依据中国特有的气候条件，充分利用冬季和夏季日照强度不同的特点，这点对于人们在这种简陋的住宅条件中生活起到一定的改善作用。

四、恢复期（20世纪70年代末期至90年代初期）

党的十一届三中全会后，随着国家对社会主要矛盾认识的变化，党和国家的工作重心逐步转移到经济建设上，人们开始反思计划经济体制下产生的诸多问题，在住宅建设问题上，政府提出了住房改革政策，激发了理论界对住宅属性问题的讨论，深化了人们对住宅住房问题的认识，使人们认识到，住房是商品，住房商品化的改革最终应将住房的实物福利分配方式转变为货币工资分配方式。这个时期对住宅环境的探索主要有以下几个方面：

第一，对高层住宅的探索。随着人口与土地矛盾的激化，在部分城市建造高层建筑以解决城市土地紧缺的矛盾，在北京、上海、武汉等大城市开始出现多层或者小高层住宅，如于 1975 年开始设计建造的北京前三门高层住宅。当时出现的这类住宅，多数采用地面商业，上面住宅的设计建设思路，一般采用外廊式、进深浅的模式。为了进一步提高住宅使用效率和密度，当时有人提出加大进深、南高北低的剖面设计，增加东西向长度的思路，以增加住宅的使用面积和居住人数。这对以后的城市住宅设计产生了一定的影响。

第二，改变单调的居住环境。改革开放以后，人们生活水平逐步提高，原有的单调住宅设计已经不能满足人们的需求了，与人们日益增长的物质文化需求相矛盾，各种居住环境的设计竞赛层出不穷。1978 年，在全国范围内举办了住宅设计方案竞赛，大部分设计方案的主要特点是加大了住宅的进深设计，同时设计方案中还考虑了中国住宅的传统朝向、楼间间距、中国式烹饪、通风、日照、节约用地等问题。这些方案反映了中国的住宅不再简单地根据人的基本需求而设计，而是更多地考虑了人们生活质量和舒适度的提高，从一定程度上体现了以人为本的潜在理念。在 1984 年全国砖混住宅方案竞赛中，清华大学建筑学院展示了台阶式花园住宅系列。另外，在北京、天津等大城市中启动了城市住宅小区试点工程。提出了“造价不高水平高，标准不高质量高，面积不大功能全，占地不多环境美”的目标，台阶式花园住宅系列在保护生态环境、宜人景观、组织空间等方面都取得了一定成绩。总之，这个时期各界人士都开始关注户外环境，景观意识崭露头角。住宅景观开始注意住宅、组团、小区的多样化，注重空间绿地和集中绿地的布置。

这个时期，河北城市住宅仍然延续排排屋的住宅规划形式，楼层不高，造型、色彩等外观相对单调，楼间空地绿地简单，多以大型乔木为主，娱乐等景观设计也多以粗糙的水泥材料为主，整体景观风格不够突出。

五、迅速发展期（20世纪90年代）

随着改革开放的继续推进和我国城市化进程的加快，1984 年 5 月，全国第六届人大会议决定：城市住宅建设，要推行商品化试点，开展房地产经营业务。住宅商品化迈出了实质性步子。1987 年，深圳经济特区率先出让土地使用权，这标志着中国房地产市场和行业开始起步。1998 年住房改革后，中国房地产彻底实现了货币化，房地产市场诞生了。住宅及环境景观设计逐渐多元化，这也是房地产走向竞争的必然结果。设计理念也随之丰富并理性起来，人本主义、生态理念在这个时期开始有所体现，对社会、文化等方面更加重视，居住区消费开始进入个性化、多层次阶段。

在住宅建筑及环境设计中高层住宅开始推广，出现了小高层、塔楼等具有现代技术的住宅。尤其到了 20 世纪 90 年代中后期，人们生活水平提高得比较快，西方建筑思潮涌入，“洋房”成为家喻户晓的商品概念。住房市场越来越专业和理性，逐步从购房者需求出发对住宅建筑进行设计，对住宅小区进行规划，同时还引入了住宅环境的概念，把环境景观和住宅景观融合起来，较为注重住宅景观风格设计，开始出现欧陆风情的住宅小区，如希腊式、欧式、美式、地中海式等，罗马家园、荷兰印象、北欧风情、英格兰庄园、东南亚海岸，等等，可谓应有尽有，甚至有些鱼龙混杂。

在河北城市住宅中，住宅逐步向高层化、个性化发展，建筑外立面的色彩和材质处理越来越丰富，高层在这个时期开始出现。楼间景观中包括喷泉、小型雕塑、简单的健身和休息设施等，楼间绿化有绿地、绿篱、乔木等多种类的综合性绿化。

六、新时期（2000年至今）

新时期，综合国力增强，人们生活质量提高，城市居住环境的发展具有了居住需求、先进的科学技术、社会文化等有利条件。同时，“以人为本”“人文景观”的理念更加深入人心。进入21世纪，国人对自己的传统文化整体出现了某种程度上的自信，人们不再盲目地“崇洋”，住宅建筑也开始从20世纪90年代的模仿形式逐步转向自主性地根据大众的不同心理需求进行设计和规划。从文化的回归本性，折射到住宅建筑和景观上，民众不再仅仅注重住宅建筑是个栖身之所，对住宅的心灵栖息和归属，对中国自身传统文化的反思和审视，形成了一种中西贯通而又独具中国特色的住宅建筑景观。文化的自信，使得人们的住宅建筑思想开始变化，同时伴随着房地产市场逐步走向理性（房地产开发商和购房者均不同程度上趋于理性），使房地产开发商对住宅楼盘建筑的总体规划、户型设计、小区规划、景观布置越来越重视。

这个时期的河北城市住宅建设的速度和质量可谓是突飞猛进。在规划上彻底打破了传统的行列式布局，高层建筑迅猛增加，格局更加自由，自由的格局不仅可以减少高层带来的压迫和严肃感，还有利于楼间采光和通风。空中花园、立体绿化设计等在现代建筑设计中运用得更为普遍。景观的概念被大众认可和接受，楼间空间的处理更加考究，山亭水石、花草植物、道路桥梁等各种设计要素的综合运用在住宅景观里得到了淋漓尽致的体现，住宅景观设计向精细化发展。20世纪末在全国范围内流行的异域风格在这个时期的河北各城市开始占领各个角落，势不可当，住宅景观风格呈多元化发展。

第七章　河北城市景观风格现状分析

第一节　河北城市景观风格及其特点

河北城市景观在十几年的发展过程中紧随北京、上海等大城市的步伐，景观风格包罗万象，不论是外来的还是本土的在各城市都有体现。从河北省的住宅房地产市场的表现来看，可将主流景观风格分为三类：以西方、东南亚等特点为主的移植风格，现代风格，以中国或地域特点为主的本土风格。

一、移植风格

所谓移植风格就是外来风格。进入 21 世纪以来，移植风格可谓是占据河北城市的各个角落，自由的布局、气派的建筑、精致的景观小品、细心周到的物业管理等，总是使其在住宅销量排行榜上名列前茅。无疑，移植风格在河北城市景观中占据着重要地位。从全国范围内看移植风格种类繁多，有欧式风格（英伦风格、法式风格、西班牙风格、北欧风格、意大利风格）、美式风格、装饰艺术风格和东南亚风格（泰式风格、巴厘岛风格）等。观察河北住宅市场，有些风格表现的并不多甚至没有，如意大利风格、美式风格、巴厘岛风格等。河北住宅市场中的移植风格有以下几种类别：

（一）欧式风格

20 世纪 80 年代在深圳兴起了一股美化环境的热潮，为了达到良好景致的效果，住宅房地产开发商求助国外设计机构，设计出来的作品很多是纯粹的西方风格，建筑风格表现为到处是罗马柱和欧式雕塑，在植物的配植上讲究群植，花团锦簇，豪华气派。2000 年前后欧式风格在中国的运用逐渐走向成熟。在河北各城市中，欧式风格渐多是在进入 21 世纪后。运用较多的欧式风格有法式风格、英式风格、西班牙风格。欧式风格主要以粘贴古希腊、古罗马艺术符号为特征。反映在建筑外立面上，有古典三段式、坡屋顶、三角形山墙、柱式、拱门、通花栏杆、石膏线脚饰等，具有强烈的装饰效果。在色彩上多以暗粉红色、驼色、米黄色为主。在楼间景观中非常注重喷泉、欧式古典雕塑、修剪整齐的草坪绿篱、考究的花草聚落。在材料上多采用石材，体现欧式风格的浑厚、大气感。虽然欧式风格受到追捧，但欧式风格多以低密度别墅住宅为主，所以价位偏高，消费人群也受到一定限制，将消费人群定位于青年人的几乎没有。

在经历了大力建设高层住宅之后，近几年河北在城市较为偏远的地区也出现了别墅热潮。而且为了体现别墅的档次，大都采用欧式风格。

（二）装饰艺术风格

装饰艺术风格（Art Deco）又称摩登风格（Moderne）诞生于20世纪20年代的欧洲，在接下来的二、三十年里迅速传遍欧美乃至世界各地。装饰艺术风格采用的是现代主义（理性主义）审美形式，并从历史中寻找灵感。形成了线条简练、挺拔，但又富有古典装饰元素的一种风格。如洛克菲勒中心大楼、克莱斯勒大厦、沃尔华斯大厦，目前中国住宅市场上的装饰艺术风格就是源于此。此风格的建筑外立面要比欧式风格简练得多，垂直的线条特别适合建筑挺拔的外形，外立面虽然也有古典装饰元素，但都是经过提炼的。在目前的装饰艺术风格的项目中，楼间景观也多源于前面提到的欧式风格景观。

（三）东南亚风格

东南亚地区位于赤道，阳光灿烂、风景独特，覆盖着茂盛的热带森林，植物资源丰富多彩，旅游业发达，兴建了许多度假别墅、酒店，使得东南亚风格园林大量建造，并推向世界。东南亚风格的建筑外立面以及构筑物多采用多层屋顶、高耸塔尖。色彩主要以色彩浓郁的宗教色为主，如米黄色、棕色、金色、黑色等，并点缀小面积彩色。在楼间景观中注重水榭曲廊、亭台楼阁、古木奇石的和谐统一，喜好装饰瑞象金壁、孔雀、木雕、瓷器、珍珠、彩色玻璃等。植物以热带棕榈植物为主。材料上多用木、石、茅草。总之，东南亚风格以体现自然的景观状态为宗旨，但也存在一定弊端。由于风格特征过于鲜明，与周围环境的融合性受到一定限制；同时若想营造意味浓郁的东南亚风格需要大量的热带植物，这对河北的温带气候是很大的挑战，并会给后期维护带来更高的费用。北城国际可以看作是东南亚风格在河北省境内的第一次尝试。

移植风格登陆中国其实已经为时不短，并在学习、探索中慢慢前进，使中国大陆的移植风格逐渐成熟。河北也在10年左右的时间内构建了移植风格在城市景观中的格局，营造了具有异域风情的城市住宅特征。

📖 二、现代风格

在新世纪之交，中国的景观行业开始了一个转型时期，经济的繁荣和环境意识的提高使景观行业得到了前所未有的发展，景观的内容和形式也发生了巨大变化，出现了现代景观设计。住宅景观作为景观设计的一个分支当然也顺应着这巨大变化的潮流。其实现代景观设计风格也是移植风格的一种，但是由于其有自身的发展历程、典型的特点，自成体系，并且随着全球化的进程，现代设计风靡全球，在各个国家落地生根，所以在本书中单独论述。

在西方国家，19 世纪末 20 世纪初发生了一场深刻的变革现代运动。现代运动波及范围非常广，随之而产生的新型景观被称为“现代景观”。受到多种思潮的冲击，现代景观进入了一个多元化的发展时期，如包豪斯主张的“少即多”的功能主义、后现代主义、解构主义、极简主义等。与其相对应形成的风格可称为现代风格，时间延续至 21 世纪。现代风格最典型的特征就是相对于古典来说它们是抽象的。

勒·柯布西耶（Le Corbusier）说，房子应当是居住的机器。这奠定了现代风格浓郁的功能主义的意味。它的设计灵感来源于抽象艺术中一些惊人的形状和图案。蒙德里安（Mondrian）等风格派运动的直线、几何形状影响了现代风格的铺装和墙体设计。地形和种植的曲线形状受到摩尔（Moore）、米罗（Miro）等的影响，钢、玻璃等材料也越来越多运用在景观中。最典型的代表是密斯·凡·德·罗（Mies Van der Rohe）在巴塞罗那博览会上设计的德国馆。

📖 三、本土风格

“在文化领域里，我们如今也看到两个相互纠结的历史过程在同时推进：一是全球化的趋势。在这一过程中，全世界的经济和文化日益被嵌入越来越普遍的全球网络之中。二是本地化的趋势。它的极端表达形式就是相当数量的基于民族统一性、宗教统一性和其他同一性的”。因为有了全球化，我们的城市建设才有了今天的成就，使得多元文化汇聚在城市中；因为有了全球化，我们自己的文化才会与西方文化碰撞出激烈的火花；也正是因为有了全球化，我们才意识到本土文化的重要。在与移植风格、现代风格并驾齐驱的同时，在回归本土文化的过程中，开始出现了具有地域性特点的本土风格。依据目前的本土风格，住宅景观又可分为传统型本土风格、简约型本土风格、自然型本土风格和历史型本土风格。

（一）传统型本土风格

传统型本土风格是指按中国传统建筑及造园特点构建的住宅景观风格。从目前住宅市场呈现的项目来看，主要以徽派民居、江南或岭南私家园林以及北方的合院民居为主。这种风格体现出纯粹的中国传统元素，并适当将其加以提炼，但基本保持原有风貌，让居民既可以欣赏江南园林的隽秀，又可以感受老四合院的质朴。传统型本土风格更贴近传统建筑、园林语言，让传统在现代空间里得以延续。此风格讲求中国传统园林的“崇尚自然，师法自然”，讲求叠山理水、花草树木等自然美景融为一体的巧妙，在造景手法上采用对景、障景、借景、漏景等，利用大小、高低、曲直、虚实等对比达到扩大空间的目的。但也存在一定的弊端，与部分现代人对住宅的功能和审美需求还存在一定的差异；在规划上，一般多用于小体量、低密度住宅（别墅区）的开发；低密度住宅价位普遍偏高，所以接受人群会受到一定限制。

省外的成功案例有成都芙蓉古城，芙蓉古城是以川西民居为主，融入了江苏、云南等民居形式的别墅住宅区，其中有体现中国传统园林景观的亭台楼榭、小桥流水。再如北京观塘，这是一个以北方民居特色为主的别墅住宅区，布局为街巷式，私密性院落依次排开，建筑主体以灰瓦为主色调、朱红为点缀色。

在河北城市住宅楼盘中传统型本土风格的尝试较少，目前有以高层呈现的石家庄公园首府。公园首府建筑外立面汲取了徽派民居的精华，粉墙黛瓦、层层马头墙，楼间景观以中国传统造园手法为参考，俯瞰布局流畅自然，建筑、山石、植物有机结合在一起。但是由于密度较高，没有像别墅住宅那样将中国传统园林中的“虽由人做，宛自天开”的意境体现得淋漓尽致。

（二）简约型本土风格

简约型本土风格是指通过提炼中国传统建筑及园林特点，或者提炼中国传统的居住理念，运用现代手法进行构建的住宅景观风格。简约型本土风格常被称为“新中式”，是中国传统居住文化在当代背景下的演绎，与传统型本土风格相比，它不是纯粹元素的运用，而是在对中国传统文化充分理解的基础上，以现代人的审美需求将现代元素和传统元素结合在一起的设计风格。简约型本土风格适用的建筑类型很多，别墅、多层、高层均可，因为价位浮动大，并综合了传统和现代的审美情趣，所以适用人群也较广泛。但简约型本土风格和传统型本土风格有一个共同的弊端就是容易在全国范围的城市内被模仿，在不同城市出现相似的风格。

典型的代表项目有深圳万科第五园，这是一个具有中国私家园林特征的高档别墅区，其中提炼了很多中国园林、民居的布局形式和元素符号，如采用了对景的造景手法，但其中硬质景观的结构非常简约。再如马头墙在第五园中的应用。马头墙是熟知的徽派建筑元素，有檐砖青瓦、鹊尾座头，层层迭落，设计师在第五园中提炼了色彩、材质和层层迭落的形态。

在河北城市中还未有像第五园、融侨华府这样高水准的简约型本土风格，若有也都是介于传统与现代之间，或只是模仿一些代表中国传统文化的元素，有些不伦不类之感。不过有一些楼盘的景观设计理念却引人入胜——燕都紫庭，项目的景观设计用诗园、曲园、茶园三个庭院空间构成了紫庭的楼间景观，传达了中国亲情、关爱、包容、宽厚的庭院生活。

（三）自然型本土风格

自然型本土风格是指以自身的地域特点——地理位置、地形地貌、气候、植物、水资源等为基础，吸取其他风格的长处，经过若干年发展，形成风格并不鲜明，但是布局自由、通透开敞，凸显现代园林与自然生态的完美结合，深受本地居民喜爱的自然型风格。一般造价不高，植物配置占比较大，住宅小区小，气候宜人，不过缺少景观小品，风景相对单调。在河北城市中存在着大量的自然型本土风格住宅小区，如被评为花园社区的信通花园拥有 14 栋 11 层的住宅建筑，楼座排列相对自由，每个楼间距都在 50 米以上，无论是通风还是采光都非常充足，绿地面积占整个小区的 70% 左右，每逢春意盎然之时，走进小区总有隐于市的感觉。在这里虽然没有欧洲的罗马柱，没有江南的小桥流水、六角亭，但亲切，家的意味浓厚。还有石家庄明珠花苑、碧溪尊苑、碧水青园等，也适用于多层洋房住宅，如花石匠。

（四）历史型本土风格

历史型本土风格关键在于从本城市或项目位置的历史渊源出发，只属于某城市或某地块的风格，而不是抄袭江南园林式的中国传统风格。此风格需要挖掘城市或地区历史，对文化遗产或历史具有保护、延续文脉的作用，但是在城市化进程中一些不当的住宅区规划，使得城市的历史性难以体现。

在天津有一个非常成功的案例——万科水晶城。住宅区所建旧址为天津的一个玻璃厂，建成的水晶城中保留着原有的长长的铁轨、高高的钟楼、锈黄的装置艺术小品，再加上天津五大道风格的住宅建筑，让人一下子沉浸在王受之先生为其所著的《历史中构建未来》一书中。此项目没有将原场所的内容全部拆除重建，如铁轨、钟楼、部分装置艺术等，保留和改造原有场地内的构筑物或元素，既遵循了经济原则，又尊重了场所精神，延续了场所历史，维护了生态环境，成为项目推广的亮点。

在河北城市住宅建设中也开始有住宅楼盘注意到体现城市的历史，如2010年开始动工的青鸟·中山华府，虽然住宅建筑采用的是装饰艺术风格，但是它所在的地块坐落于现石家庄火车站的东侧，并横跨民生路，是石家庄城市发展的源头，是这个百年之城的原点——老城的中心，对于一座城市来说具有非凡的意义，汇集着这座城市的文脉，文脉的何去何从成为开发者首要考虑的问题。青鸟·中山华府项目便抓住了这一文化内涵，提出了独特的景观设计理念。该项目以民生路为创作起点，将其设计为一条体现石家庄历史的"文化长廊"，住宅楼群分列两侧。文化长廊使用了大量旧砖瓦，保持了民生路的旧建筑风貌，恢复了旧院落，重现了彼时的繁荣和生活情景，石家庄人走在里面定会感慨万千，还引来很多游人到此。近些年，在石家庄地区发现的中山国、东垣古城遗址又将其历史向前推进了2000多年，延伸了历史文脉，现在遗址周围有一些正在或即将开发的住宅项目，如在建的瀚唐便是汲取了东垣古城的历史文化，那个时期的人文、工艺美术特征等都可为项目建设提供特殊的文化符号。

第二节　河北城市景观风格的分布状况

河北省拥有11个地级市：石家庄、唐山、邯郸、保定、沧州、邢台、廊坊、承德、张家口、衡水、秦皇岛。本书以省会城市石家庄、历史文化名城保定和沿海城市唐山为例，抽样调查了自2000年迄今建完的以及部分在建的住宅楼盘，绘制城市景观风格的分布图。抽样调查石家庄楼盘共216个：移植风格共计95个，现代风格共计13个，本土风格共计108个；抽样调查保定楼盘共90个：移植风格共计36个，现代风格共计7个，本土风格共计52个；抽样调研唐山楼盘共72个：移植风格共计37个，现代风格共计12个，本土风格共计23个。

通过分析风格分布图、柱状图，以及课题组成员的实地考察，总结出以下现状：

第一，不容易与周围环境相协调的东南亚风格使用较少。最典型的代表是石家庄北城国际。

第二，在中国大陆已经有近30年历史的欧式风格，目前依然在移植风格中占主导地位。尤其在打造高端住宅时使用非常广泛，无论是高层还是别墅都可适用。如恒大近几年在石家庄建设的恒大城、恒大雅苑、恒大绿洲等，及西山一号、原河名墅等。

第三，在新建楼盘中装饰艺术风格开始呈上升趋势。因为装饰艺术风格比欧式风格更简约，强调垂直线条的挺拔，同时又融合了欧式古典的装饰，既简约又有分量感，尤其是在高层中的运用，可以达到很好的视觉效果。

第四，现代风格运用也较少。主要是由于这样的风格不易营造出亲切的居住氛围，而且容易造成建筑与楼间环境的脱节。在走访的过程，有部分楼盘建筑非常富有现代风格的视觉效果，但是在处理楼间环境时又回归到了普通的审美效果。西美第五大道是表现现代风格纯粹和统一的代表。

第五，本土风格在城市整体风格中的优势地位并不明显，居民最容易接受的自然型本土风格在城市中占有数量最多，但是欧式风格也不甘示弱。

第六，本土风格中所涉及的徽派仍呈上升趋势。

第七，能够体现本城独特风貌的历史型风格较少，但逐渐受到重视。

第八，从总体布局上看欧式风格和自然型本土风格分布最为分散，而且也是数量最多的两种风格。装饰艺术风格和现代风格在河北省的发展历程还较短，主要集中在新城区。传统型本土风格和简约型本土风格在各个城市出现都很少，分布分散。历史型本土风格分布在城市中有特点或可体现城市历史的地段。

第三节　河北城市景观风格中存在的优势和主要问题

一、现有河北城市景观风格的优势

根据现有城市景观风格可总结出以下几点优势：

第一，城市景观设计日益受到重视，为城市建设向更和谐的方向发展奠定了基础。不论是开发商还是设计师，政府还是市民，住宅景观设计日益受到各界人士的重视。“景观”一词开始被更多的人提及和熟知，它成为设计、审批、选购住房不可缺少的一个方面。消费者不用走进售楼部便可感知各样的楼盘：纯法式别墅、英式庭院、东南亚风情、北美风格……全球各地的生活场景、风格一下子汇集到一座城市，因为开发者和设计师相信总有一款会吸引一批消费者。正如他们所期望的那样，消费者在选购住房时也已不再满足“居者有其屋”，而是不辞辛苦地看房、体验样板房环境，除了对户型格外挑剔，更多会关注楼盘景观在将来生活中的方便程度、健康程度、安全程度等，如采光、通风、行车、嬉戏，甚至将它视为身份的象征。因此，20 世纪 90 年代前的那些不追求绿化、水景、雕塑，只有水泥路面，造型单一、色彩黯淡、排列死板的小区已经不会再出现在新住宅项目中，取而代之的是风格多样、造型考究、布局灵活的新型社区。可见，住宅用地作为城市建设用地中所占比重最大的土地，其景观的风格、质量、舒适程度等关系到市民生活的切身利益，更是体现城市形象或者评价一座城市的重要砝码，不能不说如今的住宅景观已备受重视。“景观对居住者的生活方式、环境的生态循环，甚至城市形象都起着至关重要的作用，并成为房地产行业发展有力的支撑点之一”。

第二，河北城市景观风格多元化发展。河北的城市住宅建设紧随全球化的步伐，向北京、上海等大城市学习，并开始探索自己的发展路线，形成了多种风格竞相绽放的局面，在一定程度上丰富了河北城市的视觉风貌，使居住产品更新换代，打破了本地居民的传统居住方式。

第三，有一些本土风格住宅的尝试。住宅开发在经历了盲目临摹外来文化之后，业内人士开始对目前住宅及发展方向进行了更深入的探讨和大胆的尝试，力求寻找到一种方式可以让中国传统的居住文化与当前政治、经济背景、现代居民审美等达到平衡。21 世纪初，在我国一些具有文化底蕴或发达的城市中出现了“中式”景观风格的实践，如北京的观塘、深圳第五园、广州云山诗意人家等，其中或是青砖瓦房、粉墙黛瓦，或是天井院落，都非常注重传统形态的再现。以河北石家庄为例，自 2007 年盛典苏州落成之后已有越来越多的传统住宅项目推出，虽然 2007 ~ 2010 年之间出现了此类项目开发的断档，但到 2012 年又掀起新高潮。建筑类别多样，规模有大有小，开发形式灵活。除此之外，景观规划理念也很丰富，有借鉴江南文化的盛典苏州、公园首府、国粹等，有体现院落文化的新大院，有体现石家庄历史文化的瀚唐，还有体现石家庄本地近代生活文化的青鸟 · 中山华府。

二、现有河北城市景观风格中存在的主要问题

（一）从“多元”走向“趋同”的城市景观风格

信息时代，各种快捷的传播渠道将信息迅速推广至全球各地，对于住宅景观来说，国际式、英式、法式、东南亚式等，各式风格总会有一批欣赏者和接纳者。同时由于各区域、

城市存在着不同的历史文化背景，当地人的教育背景、生存环境等也都存在差异，使城市中出现了迎合各种审美需求的景观风格，不同风格的住宅产品空前融合，丰富了城市景观。这种趋势本是时代驱使，难以阻挡，但同时也出现另一个问题，当各城市都在提倡和接受多元化发展时，城市景观风格就踏入了另一个不可扭转的道路，即“趋同性”。现有楼盘对国外的住宅景观样式不假思索地模仿，使得“同样的‘城市病’在不同的城市中蔓延”，造成河北省各城市趋同性增强，城市性格模糊，让市民总觉得缺少点乡土乡情。“许多外国建筑师来中国之前都认为我国城市建筑肯定充满了东方美。但到许多城市一看……体现历史文化、地方文化和民族特色的建筑难以找到”，颇为可惜。

“趋同”不仅体现在各城市对移植风格、现代风格的借鉴，也体现在本土风格的趋同。

从风格布局以及前文分析可以看出，当代住宅景观中开始有对中国元素的运用和探索，这是可喜的一面，但其中也存在一些问题。如现代住宅景观中的传统风格缺少地区性差异。中国传统住宅文化就像国际文化一样也是多样的，具有南北、东西的差异，即便是在中国传统园林中的岭南园林和江南园林也有不同之处，在北方的合院住宅中东北、华北也有不同之处，正是这些当地居民的生活、起居习惯造成过去的建筑、园林中的地区性的差异，构成了整座城市浑厚而特殊的文化底蕴。若是否定了它们，传统风格在现代住宅景观中的发展则会走向趋同，各城市可能都会出现粉墙黛瓦、苏州园林的临本，就好像全国各地都在上演欧陆风一样。徽派的民居形式是在特定的历史及环境背景下产生的，确实代表着中国民居的精髓。但从河北来看，其气候、历史文化都很难体现出徽派民居中蕴含的生活气息，可以说它在此地是无根的，既然没有根基就不易发展得枝繁叶茂，我们享用的景观只是外形，缺少生机。

（二）识别性弱，缺乏个性

城市景观走向“趋同”，势必会造成住宅小区识别性弱，进而为城市面貌的识别也带来困难。对形式相互套用模仿，对设计内容简单重复，将代表各种风格的符号填充、堆砌在住宅景观中，势必会造成千宅一面的现象，缺少个性的场所感。

（三）旧城区住宅遇到风格更新

从风格布局图中可以看出一座城市的旧城区很大部分都已经被新的住宅景观风格所替代，旧城区的面貌被逐渐吞噬。旧城区改造更新是城市化进程发展的必然趋势，无论在国内还是在国外，无论在大城市还是在中小城市都会经历这样一个过程，只是方法有别，效果有别。城市的旧城区确实存在很多问题：景观单一甚至杂乱；缺乏活动场地，缺少人文关怀；基础设计破旧，甚至存在安全隐患；植被、景观小品都已退化；整体破旧的景象难以与现代化的城市景象相匹配。大拆大建是目前河北各城市对待旧城区最常用的方法。“旧城区”虽然有千万般不好，但它却用其独特的建筑景观语言记录了一座城市发展的历程。更新全部旧城区面貌，从何谈起城市的个性。如在巴黎新城建设与旧城遥遥相望，在旧城区中基本没有新型建筑，旧城内貌被保护得非常完好。并不是每座城市都能照抄巴黎的城市规划，在我们的旧城区住宅改造中需要注重景观风格在旧城改造中的作用，让风格延续旧城的历史。

（四）缺乏本土意识

移植风格已经占据城市住宅的绝大部分。照这样的趋势发展下去，地区差异会快速消失，并改变城市文脉的方向。因此应该在住宅建设中提倡本土风格。在采访调查中很多人都表示，希望在城市住宅楼盘建设中多一些本土特色，这样越来越国际化的城市的亮点才会更鲜明，更具有不可替代性。

（五）住宅景观风格与周围环境不易协调

景观是一系列连续的空间形态，居住区占据城市大部分的空间，它的景观风格对城市景观的延续有着举足轻重的作用。但新建住宅区的景观风格较为分散，多呈点状分布，与周边环境、人文形成了强烈对比，对城市肌理、邻里环境考虑较少，导致住宅区很突兀，内外环境反差很大，社区被孤立。景观风格越鲜明，不协调的现象就越容易出现。如在一片平房中央立起数栋东南亚建筑，势必会引起出入小区时心理强烈的差别感。

（六）住宅景观设计风格的细节处理不得当

处于快节奏的社会中，一切工作都在赶工期，包括住宅项目在内。一个住宅项目若是资金到位，往往在三年内便可交付使用。紧张的工期难免会造成景观设计细节处理得不得当，主要体现在：

第一，景观设计滞后于整体规划。很多开发商为了可以尽早开盘，在整体规划还未定夺时，就暂时将景观设计的内容草草安置在沙盘、宣传广告上，待建筑施工完毕，才发现以前的景观设计有很多不妥之处，不得不重新对其进行设计、施工。这样的效果由于缺乏整体规划性，很容易在建筑和环境景观风格之间产生断层。

第二，景观设计要素风格缺乏协调统一。现在很多住宅项目都采用了移植风格，但有些开发商又不忍放弃中国传统的造园理念和方法，所以在一个欧式风格的景观中又点缀了一些中国园林的曲桥、八角亭，出现了明显的风格差异，两种风格格格不入，使景观风格的整体性、深入性都遭到破坏，缺少统领全局的主题。

第三，设计要素堆砌现象严重。设计者对风格断章取义、机械抄袭，甚至将多种景观风格强制性拼贴等，都造成了对风格的曲解，形成了符号的堆砌。

第四，施工工艺粗糙。由于资金、工期问题，在进行景观施工的时候往往会选择廉价、简易施工的材料，再加上施工人员的技术水平不娴熟，容易使施工效果粗糙。

（七）景观设施缺乏再设计

在现在居住小区景观设计中，景观设施可以说已经成了一个比较流行的配置，并以大众化为主，厂家进行批量生产，商家也是批量购买，只需划定景观设施所在的空间和位置，即可作为该小区景观设施。随着人们对景观设施的重视，单一、无趣、大众化的景观设施已经不能引起居民足够的兴趣，景观设施设计存在的问题也日益突出。不适宜的景观设施就像鸡肋，食之无味，弃之可惜。在景观设施设计中有许多重要的决定性因素，影响着景观设施在公共空间中的作用，并严重影响着居民的生活环境。

首先，功能性表达不足。景观设施的功能性本来是为了解决人的需求的，是以人为本的。在设计中不应只追求艺术形式，导致功能减少。它必须让人感觉舒适，提供最基本的使用功能。对河北衡水丽景华苑居民的调查发现，大多居民对景观设施的使用功能没有全面的了解，其功能不能得到较好的发挥。

景观设施的使用功能是非常重要的问题，不仅是建立在使用功能之上，同时也需要力求直接和合乎道理。特别是现代的景观设施风格涉及人们心理和生理的方方面面，为小区居民设计舒适、实用、精良的景观设施是设计者应达到的境界，应将设施设计的社会性放在第一位，而不是追求表面的形式，要更多地着眼于设施的使用功能和内在价值。北欧国家及德国设计师会增加更多细致的景观设施，这给我们的设计做出了非常好的榜样。

其次，视觉美感的疲劳。景观设施视觉的美感可以让人感受到一定的艺术性。视觉的美感是我们居住区景观的一个必要条件，不给居民带来愉悦的设施即使有些视觉美感，长久也会产生疲劳，从而失去娱乐兴趣，造成景观设施使用率下降。在对丽景华苑小区居民的调查询问中，当问及景观设施的视觉美感时，居民普遍表示设施只是小区里存在的物件，知道的居民会去休息和娱乐，不知道的也就忽略了设施的存在，实际上，要说视觉美感，还不如小区的花花草草来得更直接。

现代审美有一个非常重要的特征，那就是视觉化。丹尼尔·贝尔在《资本主义文化矛盾》中曾经说道："目前居'统治'地位的是视觉观念、声音和图像。尤其是后者，组织了美学，统率了观众，在一个大众社会里，这几乎是不可避免的。"当代文明的发展，视觉的直接快感被凸显出来，如北京奥运会和上海世博会，都成为世界视觉形象的中心焦点，视觉美感慢慢得到了人们的认可。

第四节　兼容并蓄的新住宅景观

住宅景观日益受到重视。消费者在选购住房的时候，早就不再满足"居者有其屋"，他们在购房的时候，看房、体验样板房，不仅对户型格外挑剔，而且也关注楼盘景观在将来生活中的方便程度、健康程度、安全程度等，如采光、通风、行车、嬉戏，甚至将它视为身份的象征。因此，20 世纪 90 年代前的那些不追求绿化、水景、雕塑，只有水泥路面，造型单一、色彩黯淡、排列死板的小区已经不会再出现于新住宅项目中，取而代之的是风格多样、造型考究、布局灵活的新型社区。可见，住宅用地作为城市建设用地中所占比重最大的土地，其景观风格直接关系到居民的利益，是城市形象的体现。

传统风格住宅项目渐多。在 21 世纪初，我国一些具有文化底蕴的城市开始出现了大量的"中式"景观风格。以河北石家庄为例，自 2007 年盛典苏州落成之后，越来越多的传统住宅项目推出，建筑类别多样，规模有大有小，开发形式灵活。除此之外，景观规划理念越来越丰富，有借鉴江南文化的盛典苏州、公园首府等，有体现院落文化的新大院，有体现石家庄历史文化的瀚唐，还有体现石家庄本地近代生活文化的青鸟·中山华府。从已呈现的景观来说，城市景观未来的发展道路仍然非常漫长，特别值得探讨和实践，因此设计者要能够兼容并蓄，设计新的住宅景观。

一、新住宅景观的内涵

从艺术的角度来说，在新时代，设计者首先应综合考量，并了解当代人的生活，更好地解决遇到的新问题，从而进行设计的新的表达，打造符合本地人生活起居的景物，并集中体现城市文化，引领城市住宅发展方向。从建筑内涵中体现新住宅景观不仅是市民的生活空间，也是当地人们曾经的生活场景，并寄托市民美好未来的特别的住宅场所。其次，新住宅景观应站在新时代全球化的高度上，并以本土文化做铺垫。最后，新住宅景观虽然提倡本土，但是，和日常中所指的中式不一样，这就需要避免不同的城市用同样的“中式”风格建立同样的传统景观。

二、走向新住宅景观对河北城市住宅建设的作用

新住宅景观可以更好地帮助文化城市进行建设。这可以从城市文化的角度出发，“城市文化是人类进化到城市生活阶段的产物，是人类在城市中创造的物质财富和精神财富的总和”，城市文化经过点滴积累，传承下来，体现了地域性特征。所以城市文化是一个城市发展的源泉，是创建新型文化城市的基础。新住宅景观正是在新时代背景下提出来的，它所提倡的兼容并蓄的设计理念、设计方法、设计元素，可以给我们的文化城市带来有利的一面。

新住宅景观是在尊重当地历史环境的前提下，通过一定的景观设计，更好地建设居住区并管理，从而能够让公众参与其中，提高居民的生活质量和舒适度。对于河北省城市而言，在旧城改造、城中村建设、扩大化开发中，曾经的民居、文化遗产遭到漠视，甚至被破坏，在经过不科学的城市代谢过程之后，我们应该向着探讨、实验、试行的方向发展，通过新住宅景观关注市民生活。新住宅景观有助于保护城市生态环境，使人与自然和谐相处。这种生态性是指在尊重当地自然环境、文化环境和遵循经济原则的基础上，达到人与自然的协调发展，实现设计要素的合理配置，甚至是再生。如在天津万科的水晶城中保留的原有的长长的铁轨、高高的钟楼、锈黄的装置艺术小品，与天津五大道的住宅建筑风格相互融合，让人沉浸在王受之先生为其所著的《历史中构建未来》一书中。这个项目并不是把原场所的内容都拆除重建，而是将那些特有的铁轨、钟楼、部分装置艺术保留下来，并进行一定的改造，尊重了场所精神，同时也更好地维护了生态环境。

三、兼容并蓄的新住宅景观

（1）挖掘河北历史文化，尊重地区性文化差异。石家庄是一座非常年轻的城市，发展不过才百年的时间。1904 年正太铁路的动工给石家庄带来了更多的人口，铁路成为城市发展的纽带，正所谓人们常说的“石家庄是火车拉出来的城市”。在石家庄老城的中心区形成了这个时期的住宅风格，并成为老一代石家庄人心中固有的城市风貌。如 2010 年筹建的青鸟 · 中山华府住宅项目就抓住了石家庄的这一文化内涵，提出了独特的景观设计理念。

（2）以本土为前提，融会贯通多元居住文化。目前，河北省的住宅建设借鉴了多元文

化，并且融入了全球化进程。其中有很多优秀的案例。体现艺术装饰风格的聚和远见，充满法国风格的西山一号，彰显国际主义风格的西美第五大道，英格兰风格的爱丁堡等，各个项目都为业主营造了一个特别而舒适的生活场景。与此同时，西方文化的侵入也造成了对本土文化的侵蚀。世界反文化全球化运动的一个主要观点是："文化的传播不应该是单向的，而应该是互动的，文化的全球化不是欧美文化的全球化，必须以保护本土文化生存和发展为前提。"因此，为了保证在兼容并蓄的基础上使本土居住文化有所发展和超越，一定要认识到河北省的发展前景和特点，这样才可以通过本土的地区性的文化建设，获得更为优秀的建设景观。

（3）鼓励新住宅景观的设计理念，并完成实践。对于消费者来说，他们在选购住房的时候，景观环境是一个非常大的影响因素，然而，因为景观总是后于建筑体现其面貌，消费者只能通过开发商的宣传广告了解未来的景观。开发商通过那些用软件制作的景观意向图来吸引顾客，往往要求设计师将场地景观做得美轮美奂，将一切可能或不可能的想法都融入其中，但当小区建设完工时很可能与当初的设计大相径庭，很多优秀和可能实施的理念并没有实现。这对住宅景观的发展是很可惜的，也导致了城市中的住宅景观依旧停留在模仿、相似的阶段。原因有以下几个：第一，只注重景观最初的商业价值，而忽视了其在技术方面的可实施性。第二，没有充分考虑景观的预算，降低了最终实现的可能性。第三，没有认识到开发住宅产品时，从景观设计到实践连贯的重要性。因此，对于新住宅景观的发展，理念虽然重要，但实践更为至关重要。

住宅景观的发展实际上已经到一个非常关键的时期了，舒适的居住环境、丰富的居住文化，对居住景观的追求，是人们对未来住宅的不懈追求，通过大融合走向新的住宅景观，是居民的愿望，是城市发展的体现，更是时代的必然。河北省住宅景观的发展也无疑会踏上这条时代的道路，用外来文化为城市住宅建设注入新鲜活力，用本土文化提供不竭动力，奠定浑厚底蕴。这条道路充满着艰苦、探索，还有新奇、惊喜，更需要我们对每一寸土地都更加用心。

第八章　河北城市景观风格激活城市文化

种种现状无一不在表明，河北城市景观风格正处于发展的十字路口，是继续跟风，还是走自己的路，确定风格走向是抉择的关键。跟风，目前的现状还会继续下去；若要走自己的路，必定是艰难的，因为没有模版，但是走自己的路才有可能解决目前出现的问题。那么怎样才能走出自己的特色，让朝夕相处的城市可持续发展，从城市文化出发是必然的选择。

城市文化是一个动态发展的概念，反映城市文化的历史，构成了一座城市的特质，今天，我们仍在不停地谱写城市文化。历史延续性决定了城市文化是一脉相承的，代表着城市特征。但我们目前在专注城市快速发展时，却忽视了文化的重要。直到众多让人不快的现象出现时，才意识到原来有些东西不能丢，丢掉了就不是我们的城市了。“城之所以为城，就是它不仅仅是一堆建筑、一群人住的地方，而是这些建筑群体的布局、构建、形式都有自己的章法和道理，住在里面的人也有自己的住法和方式……也就是说一座城有自己的语言”。在城市住宅风貌发展模糊的今天，城市文化应成为住宅景观塑造自己语言的源泉。

第一节　从城市文化出发塑造城市景观风格的优势

一、促进城市建设

城市建设以城市规划为依据，并通过一定的工程、项目来建设城市生态系统内的各种物质设施，使城市运行达到能够满足社会政治、经济、文化需求的目的，以促进城市经济发展和保障人们正常的生活环境。城市建设的根本目的在于保障城市的正常运行和管理。在经济物资条件贫乏的时代，城市建设只能考虑满足城市运行的最基本需求，只有在经济发展良好和物资丰富的时代，城市建设才能更多地考虑审美、舒适、环境保护等因素。经过半个世纪的发展，我国的城市已经不再仅仅以政治和军事为主要目的，而是以满足商业经济、人们生活需求为向导，而商业经济与人们生活中必不可少的一种建筑就是住宅建筑，房地产市场在各城市中占据了相当重要的位置，成为产业结构的一个重要组成部分。房地产市场中，住宅建筑占据房地产市场的主要部分。城市建设中，住宅建筑是必不可少的，在整个城市景观中，除了宽阔的道路、华丽的商业建筑物、历史建筑、文化建筑，住宅景观已经成为一道独具特色的风景线。住宅建筑及景观作为整个城市生态环境中的一个重要环节越来越成为人们的共识，打造"宜居""宜家"城市已经成为许多城市建设的响亮口号。

在城市建设中，不但要建设城市形象，而且要建设城市良心，不但要打造光鲜的外表，还要装饰朴实厚重的内在。建设城市良心的内容很深、外延很宽阔，其最为基本的要求就是满足人们安居乐业的需求，更多体现城市建设中的人本文化及人文关怀。其中"安居"的需求自然应体现在住宅建设中，也就是说住宅建设是城市建设的内在要求；如果我们的住宅建设比较好，自然会给城市建设"添光增彩"。城市与住宅相互映衬，烘托出各自的特点和风格，从而点亮整个城市生态环境。城市建设与住宅建设相辅相成，缺一不可。

由于我国城镇化进程较快，呈现跳跃式发展趋势，一方面导致目前各大城市旧区改造任务巨大，另一方面由于城市用地紧张，使得人们不得不将"安居"与"乐业"分开，即远住郊区而在城市中心工作。如果在改造旧区或者在主城区新建住宅时，从城市建设景观整体的角度来考量住宅建设，将住宅景观作为城市建设景观中的一分子，在城市规划中将住宅景观作为一个独具特色的部分，那么城市景观建设一定可以达到一举两得的效果。第一，通过对住宅景观风格的规划和建设，统筹设计住宅景观中的标志性建筑物、绿地、人性化的交通，等等，从而避免城市建设中景观建设的重复，将风格纳入整个城市建设中，而不是沉迷于单个住宅聚落，甚至是住宅建筑单体；第二，通过城市高楼大厦中的住宅景观，将人们的"安居"与"乐业"融合到繁华的都市之中，不仅体现城市运行的人文精神，而且将城市与人融合在一起，展现给世人一种"人"与"城"的和谐景象。

📖 二、有助于走向文化型城市

文化是特殊的，有文化的城市也必然是一个特殊的城市，无视文化而营造的住宅景观风格必然会给城市建设带来种种问题，只有融入文化的城市景观才能散发无限吸引力。纵观中国历史建筑，由于南北地域气候和文化不同，形成了南北建筑风格迥异的局面，如南方住宅中的吊脚楼、青砖黛瓦、骑楼……，北方的四合院、大宅门……坐北朝南的走向。但是随着工业化和城镇化，现代住宅建筑趋向南北一致的商品房，风格单调且无特色，反观目前欧美住宅建筑，这些国家虽然是工业化的先驱，但是在城镇化过程中并没有形成千城一面的格局，住宅建筑设计和建设反而越发新颖和独具特色。由此可见，先进的工业化与发达的现代科技与文化本身并不冲突，可以相辅相成，并且能够相互促进与发展。独具特色的住宅景观可通过以下各方面助建造文化型城市以一臂之力。

首先，融入文化的城市景观可坚守河北各城市风貌的特质。住宅建筑和住宅景观占据城市建筑及其景观的比例超过40%，随着城市建设的发展，旧城改造是必经之路，住宅改造是一项无法躲避的项目，可以在住宅改造中保持原有的住宅风格，适当重建一部分历史民居、街道和符合当地居民传统习俗的设施及景观，这既是对历史文化的传承和延续，也是对居民的人文关怀。

其次，融入文化的城市景观可加强城市文化遗产保护，并提高其认知度。在一些城市的旧城改造过程中，不能“遗忘”对城市遗迹的重新发掘，如在石家庄旧城改造中，位于中山路原火车站附近的民国四合院、槐底村的土地庙，均是在改造过程中发掘并进行保护的，这些对研究石家庄历史有着重要的意义。在城市建设中，对原有的散落在民居中的城市文化遗产进行保护和传承，可体现出对当地居民生活的尊重，也是对历史的敬畏。如果在住宅景观中加入城市文化遗产元素，使历史文化与城镇居民日常生活融合在一起，则更能显现出城市文脉的传承与发展，是历史与现实的交融，是历史通过居民日常生活的薪火相传，这种传承与发展才是永恒的和可持续的。

最后，融入文化的城市景观可形成城市从政治到经济，从自然到人文共处的生态环境。城市的生态系统由自然系统、经济系统和社会系统组成，住宅景观中涵盖着人与自然的和谐相处以及历史与现实的交融，是构成社会系统的一个重要因素。在建设生态城市的理念下，把生态系统概念引入到住宅景观建设中，无疑是将生态系统引入居民的日常生活中，使人们生活在和谐的、可持续发展的生态环境中，从而形成社会系统的自然良性循环，为创造城市生态环境提供有力保障。

📖 三、从多方面利用文化价值

在市场经济中，强调文化的价值，尤其是文化遗产价值再生时，往往局限在教育、旅游、展览等有限的行业，如把有些文化遗产围起来，保护起来，教育他人，让人们来旅游参观，或者把物件拿出去告诉别人这是文化遗产。可事实上这种保护和宣传的范围很小，只能影响一部分对文化早已感兴趣的人群，而大众的认识度还是很低。这种做法忽视了将地域性文化体现在城市建设中，忽略了通过城市景观宣传文化。若将本城市文化遗产的特质体现在城市景观建设中，那接触的人群就会大大增加，认知度也可以大大提升，无形中为文化价值添筹加码。

根据经济学原理，只有当一种物品具备了市场需求，才有可能发生交换，从而产生价值。正是文化和人文精神的回归，我们的历史文化的传承才能继续。在住宅景观中，如果将城市自身的文化融入进去，使住宅景观一改千城一面的局面，从而形成各个城市独具个性的城市景观，则既能更好地满足市场需求，又能发扬城市特有的文化，从多方面利用文化价值。

四、增强居民归属感

近现代以来，中国大地上发生了翻天覆地的变化，农村在瓦解，虽然中国的家庭结构和家庭观念也正发生着悄然的变化，但是无法改变的是中国人对土地和家的眷恋之情，这种眷恋深深地烙印在中国人骨子里。虽然随着工业化和城镇化发展，土地性质的改变使得人们无法获得土地和住宅的永久所有权，但依然无法改变中国人购房置家的情结。中国人对家的概念，虽然由“土地—房产—家”形式转变为“住宅—商品房—家”结构形式，虽然所有权转变成使用权，但是中国人目前依然没有改变购房安家的观念，没有自己的住宅和房子，就等于没有一个属于自己的家。这点从中国狂热的房地产市场中可见一斑。

亚伯拉罕·马斯洛的层次需求理论，将人的需求分为五个层次，各种需求按照层次阶梯式上升，其中最为基本的需求是生理需求，其次是安全感，再次是情感和归属的需求。就我国目前的经济发展水平而言，虽然已经满足了人们对基本的温饱和居住的生理需求，但是随着生活质量和水平的提高，人们对于居住的需求开始发生多种多样的变化，几代同堂在一间十几平方米的住宅里，筒子楼式的建筑，没有任何景观的板房小区，已经不能满足人们的需求，人们在选择住宅时不仅会考虑基本的户型、小区的位置，还会考虑小区的生态环境和人文环境，人们开始怀念农村式的邻里关系，这体现了人们对住宅及居住环境的安全、情感、归属需求。

人们一般对熟悉的、习惯的环境会产生一种潜意识的安全和归属感，如果城市住宅建设依然是东拼西凑的建筑风格和样式，那么那些习惯的、熟悉的建筑和环境系统就会离人们越来越远，使得熟悉的色调、生活习惯、行为方式偏离原有的形式和内容，从而使人们对这座城市越来越陌生，进而产生不安、焦虑的感觉，这样的城市住宅不再能够满足人们对安全和归属感的内在渴求。

相反，如果在规划和设计的时候，本着人文精神，按照城市原有的生活方式、传统习惯，或者在现代形式中镶嵌上传统的、习俗化的、熟悉的符号和元素进行规划和设计，在住宅景观建设中体现出人们所熟悉的、习惯的、传统特色的元素，就会在无形中给予人们一种心灵上的安慰，使人们有了心灵上的归属。

城市文化是城市建设形象折射出来的人文精神，是一种审美和感受。而城市形象中，住宅景观作为一个重要的组成部分，与人们的日常生活息息相关。伴随着中国传统文化的回归以及国人对民族文化的自信，人们对住宅建筑的风格、景观的需求发生了重大的转变，人们不再一味“崇洋”，开始探寻符合自己心灵归属的风格和色调。在住宅景观设计中寻求中国元素或者符号，成为人们对住宅景观的一种潜在需求甚至是渴望。人们不但需要世界的，更需要自己民族的东西，以满足生存的归属感。正如亚里士多德关于城市的古老名言，“人们为了生存聚集于城市，为了美好的生活而留居城市”。人们只有对于自己现有的住宅和城市有了归属感，才会选择在这座城市里继续生活和工作，为这座城市的建设贡献自己的力量。

可见，从城市文化出发塑造城市景观风格会创造不可复制的城市景观价值。千城一面已经是很多城市面临的问题，它让一座城市失去曾经的面貌、性格，模糊了未来的发展方向，除了地理位置和人口的差别，充斥视觉的“复制品”，类似的理念、类似的造型、类似的色彩、类似的布局……使人厌倦，由个性对于一个人的重要性可知，个性对于一座城市也同样重要。一切外在的景观都可以复制，但复制的仅仅是躯壳，内在的个性——城市的历史、文化却是不可复制的，就好像在本地看到再纯正的法式住宅，也不如身临巴黎所体会到的，这就是城市的个性所在。

第二节 城市文化与城市景观风格形成互动性体系

“城市文化正在成为城市经营的核心内容之一，将文化建设与城市经营结合，能够形成独具特色的城市经营模式”。因此，从城市文化出发塑造城市景观可以使每一座城市的住宅景观风格自成体系，成为城市文化外在的独具特色的物象表现，在与移植风格兼容并蓄的基础上继续前进。同时，在城市文化作用下形成的独具特色的住宅景观风格，可以让城市特质越来越突出，可以让城市形象越来越鲜明，进而形成区别于其他城市的城市文化。如此互相影响，城市文化和住宅景观风格之间就会形成一个互动的循环体系。

一、城市景观风格是城市文化的外在表现

从城市的形成、发展历史来看，自然气候、地理环境和人们的生活习惯是城市建筑风格的主要影响因素，随着现代科技和现代文明的迅速发展，高新技术所代表的国际主义建筑所向披靡。在相当一段时间里，人类自诩征服了自然，自然气候、地理环境不再成为城市建筑建设的主要制约因素。然而随着环保、气候变化等自然环境意识的提高以及人文精神的回归，人与自然的和谐相处成为人类共识，在城市建设中，环境因素再次凸显。在这样的大环境中，住宅建筑在规划、设计上自然也开始向着这方面发展，将人类的住宅功能需求和自然气候、地理环境、人们的生活习惯、习俗等因素结合起来，达到人与自然的和谐相处及可持续发展的目的。在住宅建筑的规划和设计中，考虑自然、地理、习俗等因素，是对城市文化的一种表达和诠释，通过住宅建筑景观，可以形成别具一格的城市建筑风格，从而体现出独具特色的城市文化。

从自然商品经济发展的过程来看，城市随着商品经济的发展而形成，城市的前身是商品交易的场所，随着商品交易规模的扩大和模式的发展更新，使得商品交易场所逐渐成为经济、人口的聚集之地，城市也就应运而生，所以城市的形成必然凝聚了人类的智慧和文化，如城市的规划、建筑物、街道、排水等都必须符合人类生存的自然需求和环境需求，即城市中的各种外在的物质形式必然体现着这个城市的文化和历史底蕴。

（一）城市景观风格体现传统文化

城市景观是城市建筑中不可或缺的一个要素，住宅景观风格的建设在城市文化的表达上有其自有的规律和特征。

首先，在住宅景观规划中体现传统文化，如在规划住宅景观时利用本地的自然条件，或者在整体规划中复原原有的河流、湖泊、绿化山坡等，重现对自然的敬畏和保护，展现住宅文化中风水文化的精华，重拾生态平衡的生存条件。在城市平面规划中，可通过对住宅景观的规划，再现原有的街道景观艺术，引入传统习俗中的特色饮食，满足人们日常生活多种多样的需求，使人们生活在传统与现代文化交融的地方。

其次，在住宅景观的设计中加入传统文化。住宅景观是人们在日常生活中需要天天面对的，人们需要的不是一时的新鲜而是永久的回味和想念。如在旧城改造时，如何在高楼大厦之中安插传统的元素或者因子。

（二）城市景观风格体现地域文化

地域文化分为广义的和狭义的，广义上就世界范围而言，五大洲都有着各自的地域文化，各地的住宅景观各具特色，如欧美的地中海风格、哥特式风格、罗马式风格等；这些地区的住宅景观风格曾经一度形成一种“欧洲中心主义”的设计风格思潮，随着全球化冲击世界的各个角落，冲击人们传统的住宅理念、习惯，使得人们对于能够体现地域自身文化特色的住宅景观风格进行反思，使得各地区对于自身民族文化的保护越来越重视，住宅景观风格建设成为展示地域文化的一条见微知著的路径。

从狭义上来说，纵观中国城市的住宅景观，江南、湖南、云南、贵州、西藏、新疆等区域的住宅景观风格较为独特，其中一个重要的原因在于这些地区少数民族聚居，历史传统和风土人情以及艺术风格保留较为完好，受到的外来风格冲击较少，使得这些住宅景观在一定程度上保留了地域文化的烙印，同时也从另一个角度向世人展示和诉说着自己的地域文化、历史。

地域文化具有浓厚的文化生态性，包括地域的自然环境、人口、民族、语言、信仰、建筑等，住宅景观虽然是其中一个非常细微的因素，但是却直接关系到人们日常生活中的习俗、信仰、语言、民族等方方面面。我们可以通过旅游经济看出我国地域文化生态中的欠缺。我国的旅游景点通常是相互隔离的景点，从一个景点到另外一个景点需要穿越一座城市甚至一个区域，我国的旅游景点往往远离城市而地处偏僻，这表明我们的整个地域文化的生态出现漏洞，使得我们的地域文化在历史上出现断层，在空间上缺乏联系。我们应该通过住宅景观的规划和设计、街道艺术的再现，通过人们的日常生活将在空间和时间上相互隔离的景点沟通起来，在旅游中生活，在生活中旅游，通过住宅景观反映地域文化的生态效应，展示地域文化。

（三）城市景观风格体现多样性文化

现代化、城市化和全球化浪潮，使得世界各地的发展逐步融为一体，资本主义在潜移默化中冲击着世界各地的文化，挑战着各个角落当地的伦理观念和风俗习惯。正是在这种情势下，各国有识之士提出了民族主义的思路，全球一体化与民族主义和谐发展成为当代环境下的一种共识。在各地的城市建设中，将传统因素和现代元素相结合成为一种必然趋势，每个国家、每个地区都形成了一定的特色的建筑风格。城市景观风格体现了不同地域的文化风格、体现了地域文化的多样性，住宅景观风格应该是多种多样、丰富多彩的，住宅景观风格的多样性应折射出自然及文化的多样性。

不同的住宅景观风格，体现了城市文化的包容性和多样性，是形成城市文化、地域文化生态圈的重要组成部分。

二、城市文化是住宅景观风格的内在气质

“气质”是指相对稳定的个性特点。城市文化构成住宅景观风格的内在气质，换句话说，城市景观若是拥有了文化就会形成一种赋有稳定个性的风格。所以，城市景观风格的内在气质体现在风格的稳定性和差异性。而稳定性和差异性的形成都是源于城市文化，它具有一种无形的约束力，若顺应它城市建设就越发有朝气，反之则会盲目。

（一）具有稳定性的气质

城市文化是一脉相承的文化，是长远的而不是暂时的，是内在的而不是表面的，尊重城市文化的住宅景观风格也应是一脉相承的，具有一定的稳定性。在进行住宅景观建设时不应因为强势文化的入侵而盲目跟风，而应在冷静地思考之后，再做抉择。“稳定性”的作用是不把城市搞成东拼西凑的样子，让各种风格在城市的各个角落都随处可见，打乱城市发展脉络。如前文进行的河北三座代表城市的调查，欧式风格、装饰艺术风格甚至比我们本土的风格分布还要广泛，又怎么能够从中寻找出个性呢？

稳定的气质让城市风貌处于统一的状态。如意大利佛罗伦萨的旧城区全部被橘红色房顶所覆盖，所有的建筑风格都与13世纪的佛罗伦萨大教堂和谐共生。再如东京对延续城市文脉的做法是世界上独一无二的。东京定期或不定期地将有价值的传统建筑拆除，并重新翻建，翻建的办法是先建后拆，这是东京几百年来从未打破的定例，在特殊地段形成了相对稳定的风格，人们会通过这些东西体验国家政策带给他们的快乐。我们肯定无法从那些罗马柱中体验燕赵文化带给我们的民族自豪感。

（二）具有差异性的气质

气质的差异性让我们区分城市。提起埃及，想到的是那些谜一样的金字塔、法老、庄园。提起巴黎，想到宫廷、修剪整齐的树木、放射性的道路，还有巴黎人的浪漫。提起美国，想到一座座摩天大楼，自由女神像代表的美国精神。提起北京，想到故宫、园林。提起西安，想到凝固历史的钟楼，想到厚重的、唐韵十足的建筑。提起保定，提起石家庄，我们可能会想到一座历史并不长的城市。其实不管哪一座城，自诞生之初便与文化形影不离，区别于其他城市，而无历史长短之分。文化的差异导致了住宅风格的差异。

第九章 从文化角度构建河北城市风格

第一节 用河北城市文化构建住宅景观吸引力

城市景观吸引力可解释为：城市景观对城市聚居者在该景观中活动的吸引力与感染力。换言之，是在特定城市文化及社会背景引导下城市聚居者对城市公共景观空间的参与性和满意度。在模式中需要主客体的参与、互相协调，分别是城市聚居者和住宅景观风格，在城市文化创造吸引力的同时刺激聚居者进行选择，形成一个完整的城市景观风格吸引力构建模式，形成居民对社区的公众印象。在这样的作用模式下将会改善目前城市住宅建设中存在的问题。

第二节 河北城市文化探索

河北省第八次中国共产党代表大会号召“加快新型城镇化进程”，其中强调了城镇特色建设，强调合理进行旧城改造和新城建设，做好历史文化的保护与开发，对住宅景观风格的研究恰恰响应了号召。要切实有效地实现从住宅景观风格上打造城镇化特色，让新旧城建设和谐共生，探索并延续城市文化，为城市景观风格寻找恰当的文化定位的目的。

一、河北拥有丰厚的历史文化遗产

河北地处华北平原腹地，石太、京广、京九铁路交汇，南北通衢，与山东、河南、山西、内蒙古、辽宁相毗邻，是承接中原地区和东北地区的枢纽之地，省内有高原、丘陵、平原、山地、湖泊和海滨等多种地貌。气候属温带季风气候 - 暖温带、半湿润 - 半干旱大陆性季风气候，特点是春多风沙，夏季炎热多雨，秋高气爽，冬季寒冷少雪。

河北省历史悠久，是中华文化的发祥地之一，有河北桑干河流域的泥河湾人类文明遗址、涿鹿之战遗址以及承德的红山文化遗址，春秋战国成为燕赵之地，在政治、经济、文化、科技、宗教等诸多方面深深地影响着中国上下五千年历史的发展。河北不但拥有丰富的物质文化遗产，也拥有众多的非物质文化遗产。

河北的物质文化遗产有国家级历史文化名城承德、保定、正定县、邯郸、山海关区。在省会石家庄市就有战国时期中山的东垣邑、隋代石邑县振头镇、大石桥、大佛寺、赵州桥、毗卢寺壁画、临济寺、西柏坡等古代、近现代遗迹；张家口、承德是民国时期两个省的省会城市，在张家口有涿鹿之战遗址、古长城、明代鸡鸣驿等古迹；保定曾是直隶总督府；沧州有铁狮子、泊头火柴厂等；邯郸更是古有盛名，有赵武灵丛台、赵王城、古邺城等历史著名遗迹。在河北省还有三处世界文化遗产：万里长城最精华的部分山海关段；现存最大的皇家园林避暑山庄及周围寺庙；明清皇家陵寝清东陵、清西陵。在自 2007 年开展的第三次全国文物普查工作中，河北 11 个区市共计超过 3 万处，包括古遗址、古墓葬、古建筑、石窟寺和石刻、近现代重要史迹及代表性的建筑等进行了历时 5 年的艰辛普查，涉及不可移动文物 6 大类；并且有很多初次发现的文物填补了河北历史上的空白，如衡水西周庄新石器时代的遗址填补了考古文化的空白，邢台、石家庄的旧石器时代遗址都具有重要的考古价值。

河北还拥有众多优秀的传统民居。在张家口有小巧的囫囵院、具有北方特点的合院、高原典型的窑洞式院落三种民居形式；在石家庄西部山区有粗犷淳朴又不乏精雕细刻的石材民居。在第三次全国文物普查中邯郸武安市还发现了建于民国、具有冀南传统民居特色的大院；石家庄井陉核桃园古民居、耗时 6 年的井陉吴家宅院、栾城县清代冯氏老宅等，为河北的民居建筑再添亮点。在这次大规模普查中还发现很多文物建筑、工业建筑，它们都是在城中村改造、新城建设时需要注意保护或发扬的历史文化。

非物质文化遗产丰富。其中在国家级非物质文化遗产名录中，有石家庄的丝弦、拉花、中幡、评剧等；邯郸的磁州窑烧制技艺、太极拳、苇子灯阵等；邢台的鼓舞、广宗柳编、秧歌戏等；廊坊的固安柳编、霸州胜芳音乐会、秸秆扎刻、花丝镶嵌制作技艺等；保底的老调、定瓷传统烧制技艺、易水砚制作技艺等；沧州的吴桥杂技、西河大鼓等；唐山的皮影戏、唢呐艺术、玉田泥塑等，衡水的内画、武强木板年画等；秦皇岛的昌黎民歌、地秧歌等；张家口的蔚县剪纸等；承德的丰宁满族剪纸等，共 10 个大类，河北占有 132 项。另外，中国共有 29 个项目入选联合国“人类非物质文化遗产代表作名录”，河北省申报的“中国剪纸”位列其中。

由此可见，河北省文化资源丰富，它们是河北文化的核心，住宅建设应从中进行城市文化定位，惠及民众。

二、河北有一段特殊的红色文化

改革开放以来，随着物质文化生活水平的提高，人们拥有了丰厚的物质生活条件，但是西方物质至上的思想和当代生活工作的快节奏造成人们心灵深处“荒芜”，人们开始重新关注和学习那些虽然在物质上极端贫乏但是在精神上有信仰、有理想且富有献身革命精神的人和事迹，这反映了大众对生活、人生甚至是生命思考的一种转变，而红色文化所代表的正是一种有理想、有信仰、勇于献身、积极奉献的精神和人文情怀，具体体现在日常生活中，则表现为个人安全、归属和自我发展需求的满足。正是基于这样的实际需求，红色文化再次进入公众的视野，并引起了极大的社会共鸣。

1948 年 5 月中共中央和中国人民解放军总部移驻到西柏坡这个河北最普通不过的山村，西柏坡成为创建新中国的指挥中心，成为中国五大革命圣地之一。河北省还有着许多著名的红色文化资源，如涉县 129 师司令部旧址、阜平县晋察冀军区司令部旧址、易县狼牙山、安新县白洋淀、清苑县冉庄地道战遗址、邢台市邢台县中国人民抗日军事政治大学遗址，等等，这些红色人文景观与当地自然景色相结合，形成了具有地域特色的红色文化，一方面是革命斗争精神的体现，另一方面是对革命历史文化的传承。

然而，由于红色文化资源地处相对偏僻的乡镇，多数与乡村的建筑相结合，随着城镇化的推进，红色文化开始走进“博物馆”或者“陈列馆”，如何将红色文化精神体现在当地城市文化和城市建设中是一个具有时代和历史意义的课题。如何将红色文化融入到城市的住宅景观中，将有信仰、有理想和勇于献身的革命精神体现在人们日常生活所耳濡目染的地方，是一个更具有挑战性的课题。

第三节 河北特色城市景观风格的文化定位

俗话说“一方水土养一方人”，每一座城市都用自己个性化的文化抚育走进这方水土的每个人。城市文化定位就是在众多文化中寻找城市的与众不同之处，在尊重历史，符合城市发展方向，为大众所接受的基础上进行提炼，形成城市准确的定位，进而为城市景观风格建设提供可行的依据。

一、从历史文化遗产定位风格

从物质及非物质文化遗产中汲取灵感，这样的遗产本身就是独一无二的，创造的风格一定是最独特的。从此产生的风格既可以具有不可被复制的独特性，又可以融入城市背景；既保护、传承了文化遗产，又使住宅景观有了浑厚的文化底蕴做基础；既容易被市民认可，又可达到居住的愉悦感。

从河北省国家级非物质文化遗产名录中可以看出，很多文化遗产的根基并不在城市中，而是在乡镇或者村庄里，很多文化在城市中没有体现。在本次课题调研过程中我们走访了衡水和武强，参观了武强年画博物馆，武强年画属于非常有特点的木板画，但是直到走到博物馆我们才感受到年画的气息，它被锁在一座规模不大的博物馆里，在城市建设中没有一点痕迹，走在生机并不盎然的路上，我们曾一度觉得武强年画也许只是一个传说。衡水的城市景观风格比较单一，色彩也有点灰暗，若能点缀武强年画可为城市建设增添意想不到的效果，使其更具有吸引力。

红色文化定位也是一个不错的选择。如在西柏坡，那段历史为河北留下了团结统一、艰苦奋斗的无产阶级革命精神，留下了国家第一代领导人指挥作战时的院落，留下了闪闪红星……在现代住宅景观中，可以体现在住宅小区的命名上，摆脱欧美风情之类的称谓，体现在革命事件、英雄人物不断浮现的景观长廊中，体现在红色标语中。通过住宅景观表达这些内容不仅可以宣传西柏坡精神，还可以鼓舞人们的斗志，每天上班前再唱两句“东方红”，居民的生活定会天天向太阳。除此之外，红色风格的住宅楼盘适应所有热爱那段历史的人，没有年龄界限，适应人群非常广泛。

传统民居也是在建设现代城市景观时最值得借鉴的文化之一。从传统民居到今天的城市住宅，人类的居住环境发生了巨大的变化。但我们依然为传统民居的丰富、奇特而犹生感慨，也为现代城市住宅的先进技术而感到惊讶，它们同样谱写着人类居住史。我国民居艺术源泉久远，可追溯到史前文化时期，随着时间的推移、技术的进步，在我国广袤的土地上留下了富有地域性、民族性的民间居住形态，如分布广泛的合院式、厅井式民居，适宜潮湿多雨的干阑式民居，冬暖夏凉的窑洞式民居……奇珍异宝般散落于祖国各地，如此多样化的居住形态，是其他国家无法比拟的。从前文的陈述中可以看出河北也以其多样、典型的传统民居而闻名，能够体现河北特色的民居比比皆是，12个传统风格住宅项目中有6个项目使用了徽派民居的外立面，给人以雷同或者异乡的感觉。徽派的民居形式是在特定的历史及环境背景下产生的，代表了中国民居的精髓。但从河北来看，其气候、历史文化都不能体现出徽派民居中蕴含的生活气息，可以说它在此地是无根的，既然没有根基就不易发展得枝繁叶茂，我们享用的景观只是外形，缺少生机。

二、从生活情境定位风格

朱大门、石门磁、垂花门、影壁墙、雕花窗，树下坐着一位老妈妈，院子里孙儿拿着拨浪鼓乱跑……这是怎样的一种情境。曾经在河北城市很多地方都有这样的情境，但是随着城中村改造，这些可以体现一个地方居民生活习惯、生活状态的情境逐渐湮没于高楼大厦中，人和人之间的交流、沟通都被钢筋混凝土的墙壁隔离。从改善居住条件、美化城市建设来说旧城改造固然是发展方向，但是一直住在那里的老居民心里的舍不得，又有多少开发商、设计师知道呢。想到这里，也许就能明白，当课题组成员进行实地调查时为什么在石家庄青鸟·中山华府中那条复原的民生路上会有那么多人纳凉。喧嚣的城市里，有这么一块让人感觉亲切的地方，确实难得。将住宅景观和情境再现综合起来，体现本土生活的风格会得到市民的广泛认可。因为住宅就是为了生活，反映最普通、最平凡的日常生活的景观也许就是市民最喜爱的地方。

许多河北省传统风俗习惯中，白洋淀荷花节、井陉雪花山庙会、正定花会、张家口吹歌、常山战鼓、唐山皮影戏、龙灯和狮子舞等，在现在的城市市区和住宅区都鲜有所见，年轻人更是知之甚少。河北名吃——张家口蔚县八大碗、承德鲜花玫瑰饼、唐山棋子烧饼、廊坊京东板栗，等等，虽然口碑不错，但是在日常生活中也不多见。可以将这些风俗、习惯通过一定的规划和设计注入住宅景观，使这些风俗、习惯不在国际化、城市化中湮没、消失，使人们除了朝九晚五的工作之外还有更多的属于自己的生活方式。

其实，自古人们就偏爱将普通的生活寄托在庭院中，它是构成住宅空间的重要元素，庭院式的住宅景观理念最符合当地人的生活情境。无论是北方的合院，还是南方的天井都是庭院概念的延续，历经数千年的发展，已演进成一种成熟的空间形态，适应了当地的地理、气候、人文，体现了特有的价值观与审美观，于庭院中积淀了深厚的物质与精神文化。

宅，《说文解字》曰“寄托”，那么住宅庭院便成了寄托主人及其理想，维系家中成员之所，是人们可以牵肠挂肚，享受四世同堂、天伦之乐的地方，从而形成“家”与“庭”的结合。在中国的词语中“家”和“庭”总是有着骨肉相连的关系，所谓“家庭”在中国人看来，有庭院才有家，古人永远都是把庭院、园林作为家的一个构成因素，住宅和庭院、房子和院子的结合才是中国人想要的“家庭”。有些人提出“庭院是建筑的灵魂所在”，应“回归一种‘有庭而居’的生活方式”，亦有“居所之居，不惟居身，而且居心”的论点，体现了“庭院”在住宅景观中的重要作用，说明我们对“庭院”有着抹不去的眷恋。传统的庭院景观包含了儿女情长、多愁善感，当代住宅虽也有庭院，但比不上传统庭院的格局、小景。在当代我们只能在楼间景观中，或别墅庭院中体会“半藏半露的含蓄、意远、境深”，欲藏先露的暗示，疏密起伏的对比，曲径通幽、移步换景的幽深万变，叠山聚石、穿池引水的巧置，体会当地人的生活情境。

第四节　河北特色城市景观风格的文化构建

一、尊重城市历史，在历史背景中展现住宅景观的地域性

在工业革命以前，一座城市的发展总是离不开当地的自然地理因素，同时，由于经济、政治发展的不一样，使得每座城市积淀的人类历史各具特点，呈现出一定的区域性，这点在各个区域所留下的物质和非物质文化遗产中可以发现。然而经过三次工业革命之后，人类建筑技术、材料和理念的高速发展，使得自然地理等自然因素对一座城市景观的影响越来越小。如在荒芜的沙漠中建造城市在工业革命之前简直就是天方夜谭，然而美国拉斯维加斯的建造，却成了现代世界的一个奇观。我们无法从外观上分辨美国的拉斯维加斯和阿联酋的迪拜，但这两座城市留给人们的印象却是大相径庭。

河北省的历史可以追溯到上古时期，其拥有众多与众不同的文化遗产，在古代，燕赵之地不但有中原文化的影子，更有来自北方的文化气息，并形成了独具特色的区域性文化；在近现代，临近中国政治中心，历史的沧桑给河北省带来了一种历史的厚重感。要尊重历史，将历史留下的遗产转变成现代城市景观的重要资源。如果在河北省的城市景观的规划设计中加入历史符号或者元素，并体现在人们日常生活中，将城市的历史融入现代人们日常生活的轨迹中，使历史与现代交融，这不但是历史的传承，更是历史的发展，尊重城市历史不但是人们自重和自信的一种体现，更是一种对自我的超越。

二、传承城市文脉，在传承传统中凸显住宅景观的文化性

城市需要厚重感，城市的厚重感来自城市的文化，城市的文化不是横空出世的，而是

需要时间的积淀和文化的传承，纵观河北省的几大城市，张家口、承德、保定、沧州、邯郸、石家庄等，文明进化历史悠久，历史上政治、经济、商业、文化异常繁荣。在现代技术“独霸一方”的时代中，只有通过传承城市文脉，才能使一座城市或者一个区域区别于其他城市或者区域。如河北省的魏县、正定、井陉均是千年古县，如何使千年古县不湮没在现代技术的发展中呢？只有通过传承城市文脉，才能避免现代技术带来的“千城一面”的尴尬局面。

现代技术本身的趋同性质，使得对城市文脉的传承和发掘、发展成为塑造城市特色的前提条件，将诸如“千年古县”的文化特征进行传承和发展，已然成为塑造城市特色的一条“蹊径”。然而，城市文脉不仅体现在几座受保护的历史建筑或者博物馆上，而是应将“千年古县”的规划设计思想及其审美价值体现在城市建设管理的方方面面。城市规划设计不能永远停留在“保护”的阶段，更应该放在传承和发展上，即要在城市整体规划设计上传承城市文脉，也要在人们日常生活中，如住宅景观、街道、生活设施等“见微知著”的方面进行传承，使城市一街一巷、一园一林、一亭一楼彰显文化的特色，真正体现城市的文化性。

三、以人为本，在城市生态视野下体现住宅景观的人文精神

城市因为有人而存在，城市的形成和发展都离不开人类，在没有现代科技的时代，城市形成、发展的一个重要先决条件，就是城市所在地的自然、地理、气候条件。一座城市只有拥有一定的自然环境才能避免“楼兰古城”现象的再现。对城市自然环境的保护和重建，恢复自然生态系统，不仅是城市发展的必然条件，也是城市发展以人为本的体现。

在城市规划中体现“城市良心”已成为中国城市建设管理一个无法绕开的话题，城市的住宅景观是城市景观不可或缺的一部分，不但承载着人们日常生活的每一个细节，而且关系到人与城市的和谐、持续发展。城市规划设计中除了应加大对公共文化设施的投入，还应该加强对住宅景观的掌控，使公共文化设施与住宅景观水乳交融、浑然一体。

我国住宅市场的市场化，使得我国对住宅及住宅景观的投入主要以商业资本为主，商业资本带来的自由化，使得住宅景观的整体规划在城市景观建设整体规划设计中出现市场主导的趋向，政府和相关管理部门对住宅景观的重视程度相对较低，导致出现了本书所调查的情况，住宅景观的趋同性、时尚性使得本已脆弱的具有本土特色的住宅景观丧失了“市场需求”，其背后更是人们对本土文化精神的淡忘和遗失。将住宅景观的规划设计纳入到城市景观规划设计中，是一种人文精神的回归，是对生活在这座城市居民人文关怀的体现。

站在城市生态系统的视野下审视城市景观风格，城市景观风格不仅是“光鲜”的形象工程，更是与人的发展、城市的进步息息相关的，具有生命跳动的“城市良心”的体现。

第十章 河北城市景观风格的表达

全球化趋势是不可阻挡的，“伴随经济全球化的是文化全球化，由此地方文化与全球强势文化之间形成了冲突与融合共存的态势”。河北省虽然有丰富的传统文化、民居建筑，但不可以闭门造车，若既想成为现代化都市，又想有自己的城市风貌，就要在全球化背景下找到自己的文化定位，走出一条兼容并蓄的住宅景观之路。兼容并蓄的住宅景观是在新时代，用开阔而综合的视角了解当代人的生活，解决面临的新问题，创新设计表达，打造符合本地人生活起居的景物，并集中体现城市文化，引领城市住宅发展方向。首先，这种风格不仅是市民的生活空间，它还标记着当地人们曾经的生活场景，寄托了市民对美好未来的憧憬。其次，它站在新时代全球化的高度之上，并有本土文化做铺垫。最后，它提倡本土，但又区别于人们常说的中式，避免各城市以同样的“中式”风格作为回归传统景观建设的思想。在全球化的过程中，跨国接触与交流愈加频繁的结果是，当地族群逐渐意识到存在于自我与他者之间的界限，其引发的反应是本土文化特质的再发现，而不是同质化。本土性重拾期待。兼容并蓄的住宅景观是以本土文化为前提的多元化的景观风格。

第一节 场地特征分析

场地的特征往往具有唯一性，且最能代表当地人的生活习俗和状态。要在充分了解当地的气候、地形地貌、水资源、土地、植被资源以及文化、历史的基础上设计出适合特定场地的住宅景观，这样的风格才最具识别性和地域性。景观设计总是在“广泛的城市文脉中和在城市多样性地段进行的”。

第一，场地自然环境分析。如何利用场地自然环境是进行规划设计的基础，气候、地形地貌、水等因素直接影响设计风格和效果。如在四季鲜明的北方设计热带的风格，需要大量的水、热带植物来烘托场景，营造纯粹的风格，不仅实现困难，后期维护费用也会很高。尤其对于河北这样一个缺水而且冬季寒冷的省份，对水的使用要特别注意，不仅要注意水的循环利用，还要注意设备的保护，否则就很容易成为枯水甚至臭水。现在有很多尊重自然环境的方法，如依照地形地貌进行规划设计，石家庄上山间是西山脚下的一个别墅区，完全依地势而建。注重场地植被保护的案例也非常多，如转移现有场地的植物，在施工完成之后再将植物转移回来，这种做法本身就是对场地文化的延续，尤其在城中村改造项目中，在住宅交付使用后，大部分居民需要回迁，保留原有植物就是对原住居民生活情境的回归。

第二，场地与周围景观风格的联系。我们不仅是在一块城市空地上建造住宅，城市本是各种景观交织在一起的复杂的网络，而每一个住宅项目只是其中的一个节点，它和周围的节点（景观）是相互作用的关系，摆布合理了，可以为这一地段的景观带来协调的视觉效果，若曲解、错乱了相互关系，那可能就会形成怪异、失调的视觉效果。所以要搞好关系，使之成为城市肌理特征的延续，而不是断点。这一点不仅在历史街区改造与建设中需要尤为注意，在新区建设中也同样不能为所欲为。如石家庄呈现向东南方向发展的趋势，城市东南方，道路宽阔、干净、整洁，高楼林立，充满了现代都市感，这样的环境自然也少不了住宅景观的烘托。从景观风格分布图上看，东南方向主要以自然风格、装饰艺术风格和现代风格为主，整个东南方向的城市景观呈现浓郁的现代感。石家庄首例纯粹的现代风格住宅景观——西美第五大道就坐落在这里。这种风格与西北方向多排排楼的风格截然不同，与徽派的公园首府（石家庄住宅）也风格迥异。使进行规划设计的场地成为周围景观中顺畅的一个环节是至关重要的，不仅会影响局部街区，更会影响整个城市风貌。保定的莲池会所是一个很好的例子，它地处保定旧城区中心地带，与全国十大名园之一的古莲花池毗邻，因此，景观风格汲取了古莲花池的造园和建筑艺术，形成了一个高端住宅区，它的风格选择是顺理成章的。

第三，场地自身的文化特质。应提炼原有场地的景观历史、功能、文化内涵，以及原有人群在使用过程中的视觉和心理上的反映，并借以形成新的住宅景观，使之经过设计之后得到保留和强化，使原有内涵得以延承。像前文提到的万科水晶城、青鸟·中山华府都是很好的例子。如吴良镛先生主持北京菊儿胡同四合院改造时提出“有机更新”的观念，并据此建成了菊儿胡同的“新四合院”体系。新环境基本保持了原有的社区结构，不仅满足了原有市民对四合院的依恋，体现了人文关怀，还保护了传统民居形态，形成了新的住宅景观。又如石家庄的一个在建项目瀚唐，地处石家庄东垣文化地段，体现了中国古典元素与现代文化的融合。

第二节 建立住宅区印象——设计手段

任何一个居住社区都有一个公众印象，它是许多印象的叠合，从而形成一系列的公众印象，这种公众印象往往是有代表性的、包容性的，令人信服的。当然每个市民对每一个居住社区都会产生自己独特的印象，但总是接近于公众印象。所以设计师的任务就是要建立这样的公众印象。这种公众印象包括两个方面：一个是形式感，一个是情感，这两个方面互相影响。有关城市文化的再现使公众印象富有情感，在前面章节已经有所阐述，本章节主要从公众印象建立的形式感着手，揭示形式感在表达风格、体现文化方面的作用。一是设计规划，其中涉及四个连续的景观设计手段。二是设计的具体构成要素，主要从道路、节点、植物等方面论述。设计的构成要素是形式，但是需要设计规划来组织，所以这两部分是缺一不可的。独特的公众印象的建立，就是风格的表达。

居住区景观的地域性可通过总体规划、建筑风格、景观设施等方面来实现。不同方面采用不同的设计手法，是构建居住区地域性景观的重要内容。对居住区景观的规划主要可以分为以下几个步骤：

（1）分析居住区所在地域的自然条件、人文条件，进而更好地挖掘该地区的地域特色，为居住区景观风格做好定位。

（2）保护和利用原有的地形地貌，根据设计理念，对小区进行总体规划，将地域性文化融入景观当中。如对位于坡地的小区应适应地形的特点，随坡起势，筑台逐增，形成错落有致的住区布局；滨水地区应充分利用水的特色，创造居住区水景观。

（3）除了考虑居住区内部条件，还应该考虑居住区与城市空间的紧密关系，利用周边环境的景观资源，处理好与城市空间的衔接。如濒临河道的居住区可以利用自然水资源，建造滨水景观带；临近城市公园的居住区可以预留景观视线通廊，让居住区内外景观相互交流，尊重历史景观。

河北特色城市住宅风格还要从传统入手，从地域入手，形成兼容并蓄的新住宅景观。在河北一些城市中有些经典之作，如石家庄青鸟 · 中山华府、公园首府等。有一句话概括的极是："真正把'继承传统'从'领悟传统'发展到'参与传统'，最终形成反映文化特色的新中式景观。"河北特色新住宅景观风格的营造方法应包含续格局、演形态、借时空、融意境。

一、延续格局——风格表达的骨架

我国传统建筑在群体组合格局中是有分别的，其中包括了内向与外向。如天井、合院是典型的内向格局，而且建筑均面向内、背朝外，形成了以内院为中心的向心感，这些在皇家苑囿的园中园、私家园林以及民居中都有体现。在大型皇家苑囿中也会采用内向、外向结合或外向型的格局。这样的建筑群落格局在形成的同时也产生了庭院。多个单元建筑群体连续起来又形成了空间序列格局。空间序列可分为：第一，串联式，产生一进又一进的空间院落，如北京故宫乾隆花园的空间序列格局。第二，中心式，以某个空间为中心，其他院落围绕它进行布置，并以中心院落作为维系，如北海画舫斋。第三，自由式，将子空间序列格局按照一定的路线进行自由布置，多用于大型的私家园林或苑囿中，如扬州何园等。一些现代住宅也采纳了传统格局，如对“天井”的借鉴。天井是中国民居所特有的，南有广州的西关大屋，北有西塘古民居，上海九间堂的某些建筑组合中也运用了天井。现代建筑采用天井，这不仅是借鉴民居处理通风采光的方法，更是对家庭生活纽带的一种表达，其与现代的材料以及技术结合，可展现现代景观风格，成为蕴含中国传统家庭观念的现代住宅景观。

二、再现形态风格表达的物象

“形态”是指在传统景观或场地环境中所呈现出来的物象，是传统人格和审美的反映，既包括造型、材料，又包括琉璃黄、中国红等色彩，也包括山石、花木。传统的游廊、花窗、蹲兽、山石、花木都容易抄来，但是如果用得太具象，就会成为仿古建筑；用得太抽象，又会失去传统的感觉。这就要求对传统居住艺术有一个合理的继承与转化。寻找传统到现代转化的契合点有很多方式，不同的途径会有不同的方法和结果。再现形态需要对某些可体现城市文化的艺术形态进行转化。

第一，提炼、简化本地标识性符号。现代设计起源于“少即多”，所以“简”本来就是现代设计的一个重要标志，是现代与传统结合的最直接的路径。第二，在传统造型中使用新的材料和工艺，使传统形态更具有现代气息，如金属和大面积玻璃的运用等。冰裂纹花窗是古典园林中最经典的漏窗纹样之一，若在庭院中使用它原有的颜色和材质，有时会给人古旧的感觉，但若是给它换一款金属材质或者换一种中国红的色彩，然后再运用到现代居住庭院中，传达给业主的感觉可能会是既怀旧又时尚前卫，达到居住艺术和现代人的审美完美结合。第三，直接引用本地原有且特有的形态内容，如将青石板路、青砖墙面、灰瓦运用到现代庭院中。在青鸟·中山华府的楼间景观中便直接使用了这些特有的材料,本地特征非常明确,安静、祥和,着实让人觉得质朴、惬意。

三、借用时空风格表达的活力

“时空”是指“组合空间的各园林因子、园林因子与宇宙时间之间的互动关系”。中国传统处理空间的方法别具一格,它不像西方园林那样讲究轴线、对称、秩序、一览而尽。中国人喜欢步移景异、曲径通幽之雅趣,而不是尽收眼底的壮美。在传统造景中,将山石、池水、楼榭、花木通过借景、对景、框景、显隐、曲直、聚散等手法组成一个独立而不散乱、协调统一而又变化多端的空间,这正是传统经营位置所讲究的“步步移”和“面面观”的空间处理方法。时间与空间是同时存在的,如春夏秋冬的季节美、晨昏昼夜的时段美、风雨雷电的气候美等。时、空的结合为庭院增加了动感美。这些时空的处理手法对于现代人的生活节奏和审美来说可能会显得拖沓,从而无暇思考步移景异的变化,但它们恰恰能打破现代景观的雷同与枯燥,为住宅景观注入新鲜活力。

四、融合意境——风格表达的内涵

无论是在皇家园林还是在私家园林,自古人们就喜欢将自己的情感寓于山水之中、花木之间,“登山则情满于山,观海则意溢于海,我才之多少,将与风云并驱矣”。这正是我们常说的触景生情、寓情于景的道理,也是造园的最高境界意境。过去的人们常借诗画营造意境,再借诗画赏意境,还有借匾联的题词来破题,以增加场所的感染力,故而,意境的有无或深邃程度便成为欣赏一切艺术的标准。若将意境融入具有河北城市文化特色的住宅景观中,居民会因景致而生情,带其情再享景,独乐也好,众乐也罢,这才是带有地方味道的情景交融。而当代的意境交融则是交织了更多不同的文化:传统与现代、地域与国际、内敛与张扬……

第三节 建立住宅区印象——构成要素

一、构成要素的地域性

地域性的居住区景观建设的方式非常多,可以从多个角度进行挖掘,本书通过对多处优秀地域景观案例的分析，对居住区景观设计的表现方法进行简单的归纳。

（一）挖掘地域特色，提炼设计元素

河北地区的居住区景观设计有一些比较有特色的地域性元素，如河北地区的民间故事和传说、民间艺术、风俗习惯、传统活动、历史典故、文化名人、名胜古迹以及历经岁月洗礼留存下来的古街巷名、古地名等。在全面了解河北的自然、历史文化等因素后，需要进一步发掘、获取地域元素的精髓，并通过用景观作为其载体，把这些地域性元素用符号和图像形式表达出来，构建具有浓郁地域特色的居住区景观。

在把地域元素转换成符号的时候，不仅要继承本土传统，同时也需要与时俱进，要做到历史与现代、传承与创新相统一，只有这样，才能造就一个有人情味儿的居住环境。常用的设计景观符号的方法有借代、改造、再现等。

（1）借代。在设计景观的符号上面，最常用到的方法就是借代。在景观设计中，这种方法是运用最为广泛的，将借助原型的整体，或者说是一部分直接运用到景观设计中。某些具有民族文化象征意义的图腾景观元素可使用整体借代的方式进行符号化。河北有着许多技艺高超的民间艺术，如蔚县的民间剪纸、唐山的皮影艺术等，在设计过程中可以将这些民间艺术抽象化成一些景观符号，用细节引发人们对该地区民间艺术的趣味性联想，增强居住区景观中的地域文化氛围。还可以选取地域景观元素中的某个局部特征或单个构成部件，通常这些元素具有广泛性和易识别性，让其作为整个景观的视觉中心，可以使人们能感受到设计者赋予符号的隐含寓意。通过借代，可以更好地将符号直接拿来运用，这也是让景观设计直接体现地域特色的最好方法。

（2）改造。直接运用景观设计符号将需要的元素体现出来，这样的方法比较简单、有效，但是，如此一来仅仅是地域元素简单地再现，是历史和文化的完全复制，但缺乏创新。应在保持地域特色的前提下，对传统景观元素进行材质、色彩和局部形式等多方面的改造，使得传统景观元素的特征更为鲜明，并且在新的时代中具有适应性和生命力。

传统元素的形式是非常烦琐的，通常并不需要那么多的具体的表现，需要的仅仅是一个可以让我们一眼能识别的、简单的概念，可以仅保留地域元素的内涵，简化掉一些繁杂、精细的细节装饰，留下明快的结构或简化的形体。如河北省园博园邯郸园入口处的主题雕塑“胡服骑射”就使用了简化手法，只是一个简单的轮廓。这样的雕塑具有更精炼的标识效果，加上沧桑的质感，令人印象深刻。夸张一般是将地域性景观元素进行夸张放大，产生具有震撼力的效果，从而让人们了解要传达的意思。这种手法通常用于制作雕塑、构筑物，一般放置在具有导向性、标志性的地方，如居住区入口景观。像山海关求仙入海处的秦始皇雕塑，实际上就是将雕塑夸张了，使人在远处就可以感受到这千古一帝俯瞰万物的威武气势。

把传统景观中不一样的地方按照特定的元素进行重新组合，就可以创造出新的景观系统，这就叫改造，即“重组”。重组可以是某种景观符号在不同时代、不同地域的具有连续性变化的一系列历史演变过程中不同状态的对比组合，体现不同时空下同一种类景观符号的差异；也可以由不同种类的景观符号在相同的时间和地域使用某种方式组合成新的景观符号。如河北园博园的张家口园，其入口处的主体景观墙就将不同的年代、类型的地域元素全部合理地排列在一起，构成了宏伟的历史画卷。

（3）场景再现。历史典故、风土人情，这些也可以用来作为直观的景物的表现元素，可以使用极具画面感的景物，将这些民间故事，或者地方传统活动的场景进行真实、立体的再现，使人们联想起某特定时代、特定地域的生活记忆，使人们更加感性和具体了解地域文化。在景观设计实践中通常通过景观墙、铺地、景观场景小品、景观浮雕等方式来实现景观场景化。如山海关景区内的街边情景雕塑，就是将闯关东时期的场景进行了再现。

（二）地域性材料的应用

景观材料是景观的主要载体，这个载体承载了景观的文化内涵。在居住区景观设计中，应该充分利用当地具有特色的材料。地域性材料取材方便、造价低廉，充分利用当地的自然资源，符合可持续发展的战略要求。设计师应通过对这些材料的改造和利用，及一些艺术手法，形成有特色的新景观。

任何一个区域的自然条件、资源状况、人文传统都是不一样的，可通过设计师的挖掘，对这些材料及其应用方式做出相应的变化，从而形成本土特征鲜明的居住空间。地方材料的应用对现代景观在地域性的表现上具有特殊的意义，使用地方材料已经不仅是客观的需求，而是上升为对现代景观的人文需求，当然也是保护和发扬景观设计文化的需求。

河北地区有很多自然资源，传统的民居中大量使用石材、砖材、木材等乡土材料，取材方便、造价低廉。如秦皇岛是海滨城市，在设计时可以将原本没有用途的贝壳、海礁石等做成景观墙的墙面装饰，或组合成景观墙。或者用铺装或涂料采用现代工艺手法打造出海浪、贝壳、鱼蟹等肌理，让人快速联想到大海。景观小品通常主题明确，风格突出，具有特色。

随着科学技术的发展以及生产力水平的提高，地方性材料的区域限制以及技术条件的制约都不断被打破，新材料和新技术的应用使得现代景观设计师可以突破传统材料的限制，更加自由和广泛地应用设计元素和表现手法。如现在到处都是高楼大厦，在建造过程中产生了很多建筑垃圾，而应用与地域性结合的新技术、新材料，更符合可持续发展的要求。

二、具体构成要素

（一）建筑

居住区的建筑风格和当地的地域性有非常大的关系。各地区地域环境不一样，历史文化也有所不同，建筑风格的差异很大。融入地方特色建筑元素，能提升整个居住区的地域性，唤起居民的归属感，使地域文化得到更好的延续。

气候对于居住建筑的影响非常大，南北方气候不一样，因此，在建筑风格上也很不一样。北方冬季寒冷，为了保暖，墙体较厚，窗户和墙的比例较小；而南方气候湿润温和，建筑要尽量遮阳和通风。

建筑装饰是建筑风格的一个最为直接的表现，特别是建筑细部装饰构建（如门、窗、装饰线条等），更多地具有地域性特征，传统民居装饰实际上就是“图必有意，意必吉祥”。建筑细部装饰记载着传统历史和文化的信息，向人们传达着某些精神信息。如窗户、大门、屋檐等的样式、形制，还有以民间艺术、历史典故等内容为载体的雕刻、花纹等。建筑材料的质感、色彩、纹理也会使人们有不一样的感受，并被人们赋予了很多不一样的意义。

城市居住建筑设计若想真正体现本地风格，必须要对当地的传统居住形态有一个大致的了解，其中包括生活习俗，这样才能构建富有地域特色的居住形态。如深圳万科第五园，围合的天井、多重的庭院、青砖黛瓦以及花窗、檐口等建筑符号，构成了赋有传统韵味的空间。

（二）道路

道路是一种渠道，人们通过它到达目的地，或者沿着它欣赏路边的景色，或者随时随地休息。它在居住区中可以是机动车道路、步行道、栈道。道路对于一个居住社区来说是具有统治性的构成要素，其他的环境要沿着它布置，并相互联系。特殊的道路或者居民习惯性的道路，识别性会非常强，它对于居住区形成公众印象具有不可低估的作用。所以道路在居民心中会形成重要的公众印象特征，这是风格表达的重要组成部分，但也是往往会忽略的构成要素。

道路有宽窄、长短、曲直，任何一种规律的形态都有助于风格的形成和公众印象的建立，方便居民使用。如中国古典园林讲究曲径通幽、移步换景，下一步的景色一定要给人带来不同的惊喜；而法国园林中讲究道路带来的将景色尽收眼底的壮观。

在居住区道路设计时可将道路分为四级：第一级为居住区级道路，解决居住区内外交通联系，属于居住区主要道路，车行道宽度一般为 9 米，人行道宽度为 2~4 米。第二级为居住小区级道路，解决居住区内部的交通联系，属于居住区次要道路，车行道宽度一般为 6~8 米，人行道宽度为 1.5 ~ 2 米。第三级为居住组团级道路，解决住宅组群的内外交通联系，属于居住区内的支路，车行道宽度一般为 4~6 米，人行道宽度为 1.5~2 米，有些小区的道路是车人混行。第四级为宅前小路，通向各个单元或各户的门前小路，一般宽度不小于 1.2 米，属于居住区内的道路末梢。

（三）边界

边界是道路以外的线性部分，是两部分的界限，一个区域和另一个区域以此联系。如组团边界、围墙、河岸、道牙。

边界具有很强的分隔能力。分隔不同的区域，或者表示安全与危险。围墙可以作为居住区内外的分隔，保证内部的安全，一般为通透的栅栏，栅栏的材料与形态多种多样，可以和本社区的风格相匹配。绿篱可以分割出硬质铺装和软质铺装，分割出车行道和人行道，分割出居住组团级道路和单元前小路，达到一定高度的绿篱还可以阻挡视线，作为内外、我他的分隔。河岸可作为不同性质的景观元素的分隔，分隔水与硬质铺装或者绿地，人可以亲近或者不能亲近。它可以是乱石，由浅入深的戏水环境；可以是栈道，曲曲折折的近水环境；也可以是桥道、栏杆，或者是有宽阔休息场地的观水环境。道牙是不同区域的分隔，是机动车道与非机动车道的分隔，是硬质铺装与绿地的分隔。

（四）区域

区域指的是居民所看到的居住区中较大面积的地块，单个地块内存在一些共同特征，居民可以进去体验。在居住区景观设计中，区域往往代表一个个不同的功能区，而若想让每一个功能区的特征都鲜明，设计师应赋予每一个不同的功能区一个特别的主题，通过主题精神统领每一个功能区的设计——布局、形态、色彩、材质等。它可以是儿童游乐场，可以是运动场，也可以是社区集体活动区等。

主题的确立决定了区域的形体特征，包括各式各样的构成因素：纹理、空间、形式、细节、标记、建筑类型和用途、地形，它们形成一组有特征的、容易辨认的居住区形象。如在石家庄的一个住宅小区（原河名墅）中，良好的建筑凹凸构造，驼色涂料和旧红色砖砌的建筑墙体，灰色的窗框，橙红色的车库入口，整洁的砖砌道路与乱石铺路，精致的游园小路，丰富的植物配置，静谧的气氛，形成了显贵的主题单元，很容易吸引人的视线，形成明确的公众印象。

（五）节点

节点是指居住区人们可以参观、嬉戏或停留的地点，它是某种特点的集中点或者交汇点。如广场、道路的交点等。识别一个节点必须有非常强的物质性才可以。如广场的形态，圆形、方形、椭圆形、自由形所表现出的风格不一样，广场的入口、出口的位置都会给居民留下指示和节点印象。除此之外，广场所涉及的设计要素，铺装的材质和色彩、小品的类别和造型，都会让人深刻体会到节点的特征从而形成公众印象。但这些物质性的组织和构建必须是容易让人记忆、容易触动人心理的物象或者使用经历。

标志是居民在观察外部环境时的参照，往往是比较单一的、独一无二的，而且一个标志相较于另一个标志是变化无常的。对于居住区景观来说，标志的形成有可能是设计师的设计结果，也有可能是居民在长时间停留居住区的过程，通过自己对居住区结构和环境的认识自然形成的。本书只讨论前者。标志的形成往往是跟节点分不开的，通常也会产生于节点中，当某个节点以某一个或者某一组单一的物象著称时，它在居民的心中会形成无法被取代的印象，可以为居民指导方向，甚至告诉居民这里就是家的归宿。当这些标志形成序列后，在人们印象中就会产生连续的点。标志特殊的风格特征更有助于对环境产生记忆和识别。

（六）植物

植物是居住区景观中非同一般的景观元素，这种景观要素是有生命的，在居住区景观中有非常重要的地位，也是景观地域性的重要体现。它包括物质功能和精神功能，它能使环境充满生机和美感，展现个性和风格。现代社会的高速发展让人们的环境意识越来越高了，对于居住区环境的质量也非常重视，在这种情况下，许多景观设计师都发现，在城市生态中对景观发展进行平衡，对居住区的景观空间进行绿化景观设计是非常重要的，对于内部的景观空间可以起到有效净化空气的作用，提高居住区的环境质量。应合理设计居住区绿化，将建筑、居民以及绿化作为一个有机整体，使居民融入其中，形成有机运行的景观空间生态机制，使人与自然并存。当前进行植物栽植配置的时候存在诸多雷同，设计师不是采用树篱、灌木球等裁剪，就是把很多的草坪大片连接在一起，景观效果模糊，很难起到应有的作用。

进行植物配置前首先应该了解植物的分类和其特性。从形态上进行分类可以分为落叶植物、针叶常绿植物、阔叶常绿植物。落叶植物可以表现出明显的四季变化，夏天可以形成阴凉，到了冬天又不会遮挡阳光，同时，很多落叶植物都有一定的花期可以欣赏，设计师可以选择合适的花型配合小区的风格，如木兰适合用在宁静、内敛、简洁的新中式或现代风格环境中。针叶常绿植物，叶形似针，全年无落叶，而且树形密实，大都尖耸，可以修剪造型，适合做背景墙，还可以遮挡视线、围合空间，在河北四季明显的地方针叶常绿植物可以缓解冬季干燥的天气。阔叶常绿植物的叶形与落叶植物近似，但可以整年保留叶子。居住区常用的阔叶常绿树种是女贞，也就是常说的冬青，女贞常被用作绿篱。但是近十年来，女贞也开始广泛作为北方小区的行道树，河北也有，如石家庄的信通花园，它弥补了冬天绿色的不足，这种植物到了春天也有枯萎期，但时间短暂。

在进行实践设计时，应在保持本来树种的基础上，多使用当地的树种，不可以一味地引入其他地域的植物，追求新鲜感。居住区的景观空间应当配置具有特色的植物，充分考虑植物的层次以及植物种类的选择。

（1）乡土植物。不同地区气候、温度、降雨、土壤等自然条件相差巨大，导致各地区的植物种类也不相同，呈现出一定的地域性特色。种植乡土植物要遵循当地的自然生态规律，这样不仅可以建立一个具有地方特色的植物景观，同时，也可以更好地保持当地生态系统的稳定，有利于提高生物的多样性。而且乡土植物能够适应当地自然环境的变化，生长比较稳定，能够适应当地比较恶劣的土壤、气候等条件。如沧州的盐碱性土壤。因此居住区种植乡土植物更能保持当地植物群落的发展和生态系统的稳定，反映当地景观的地域性特色。使用乡土植物的另一个重要意义是以乡土植物营造独特的空间环境，创造地域性的景观。把某一种或几种乡土植物作为骨干树种，进行合理适宜的植物设计以及配置，可以直接凸显地域特色。

（2）周边环境。将绿化融入周围的雕塑、小品、山石，互相搭配、掩映，才能完成一个成功的景观。在进行植物种植设计之前，首先应根据所处空间的特点与功能确定整体风格，然后进行具体造景的点缀。如有纪念意义的广场周边应种植稍显严肃的松柏；在休闲的院落宜种植色彩绚丽、稍显活泼的花草和果木，形成活泼明快的气氛。在创造植物景观时，可以采用孤植、对植、丛植等种植方法，乔木、灌木等植被穿插种植，高低错落，色彩各异形成不同的景观效果，增加居住区环境美感，也可与水、小品等景观元素搭配，还可运用对景、框景等造景的方式，建设一个宜人的居住环境。

植物造型还应与建筑或者景观设施的风格造型相呼应，如用植物呼应它们的形式、线条和颜色。如果景观构筑物是水平线条的，可以用低矮的植物继续将水平线条延伸；如果景观构筑物是带有山墙的，可以用锥形植物与之呼应。也可以设计水平和垂直对应。

（七）水系

在中国水被认为是有灵性的，所以人们对水也特别重视，认为“吉地不可无水”，水能使整体环境显得比较有灵气。在居住区的景观设计中水景已经成为不可缺少的景观元素。

在创造居住区水景的时候，需要特别利用场地的原有地形，同时与水创造的声、光、影等进行合理的结合，在有高度差的地方，可以设计一些瀑布、跌水，在平坦的地方可以设计溪流、水面，创造出动人的水体景观。特别是在山地居住区的水景创造中，可以用动态的方式体现其与地形地貌的结合。瀑布、壁泉、跌水是比较常用的处理地形高度差的方式，在一些高度差明显的山地可以采用这些方式，创造出多种形态的水景。如果场地内有水资源，应该尽力对原有的水资源进行保护，同时加以合理利用、适当改造，从而让它们变成适合居住区内部的水资源景观。

（八）设施

景观设施是日常居住区景观非常重要的一个构成部分，在居住区景观的建设中，它是不可或缺的一个点，是表达地域性的良好载体。有时也称为景观小品。景观设施的形式多样，通常应既有实用功能，又有观赏功能。建筑小品包括亭台、楼阁、雕塑、壁画、牌坊等；生活设施小品包括座椅、垃圾桶、电话亭、路灯、邮筒等。

景观设施的设计应从形式、色彩、材质方面进行研究，让地域性文化融入其中，从而有效形成有地域性特色的景观设施，提升整个居住区景观的地域特色。如以当地的历史典故、民间艺术为载体，设计趣味雕塑，设计景观设施的图案。亭台、楼阁可以运用传统的风格，也可以以某个元素为原型进行改造。如河北魏县以剪纸著称，那么，在住宅环境中体现剪纸图案，装饰在景观设施上，就是一种文化的凸显。景观设施在景观设计中是不可或缺的功能元素和装饰元素，它们既可以方便居民使用，又能起到画龙点睛的装饰作用。

（九）铺装

现在建筑已经进入了钢筋混凝土时代，因此，地方性材料非常难体现，而铺装可以更好地体现地方性材料，对地域性的表达也更加直观，其中利用率最高的地方材料有土、木、砖、石等。硬质材料通常会应用在园林铺装和立面中，现代景观设计中铺装已经成为必不可少的一部分，铺装的风格直接影响整个居住区景观的风格，直观体现地域性特色。使用不同纹样、质感、尺度、色彩材料铺装能够表现出不同的空间效果。如在庭院、休憩步行道等地使用碎石、瓦片等材料，小巧亲切；中心广场使用大理石、花岗岩等材料，可以提高档次。

铺装设计中可以融入很多特有的文化或民俗符号，如特别的图案、色彩等，可形成非常丰富的文化延续，可以运用历史故事、典故或神话传说、生肖形象等作为图案的样本，让人一目了然。如在深圳园博会的“古窑遗韵”景点，采用古窑出产的瓦、瓷等材料为铺装主体，并采用独特的铺装形式，古朴中透出精美。再如石材也经常被用来铺设人行路面，小区的步道可以由鹅卵石铺设。脚踩石头路，能够强健身体，促进血液循环、降低血压等。据《每日新报》报道：太行山有个石头村，人们经常脚踩石头走路，这里出现了多位百岁老人，并有了“走鹅卵石路，踩出百岁奇迹”的传说。

上述这些要素作为构成居住区景观风格的原材料，它们是相互影响的。它们必须组成各种形式，达成存在的目的，如道路网络、区域连接、标志序列，居民通过这些要素对居住区形成一个整体的印象，风格越突出，印象就越鲜明。同时，印象的形成也是不断变化的。春夏秋冬会形成具有不同时令性的景观，尤其是植物的影响非常明显。如三年的居住区和十年的居住区环境会有很大变化，植物会长高、木栈道会被修复、石头会长苔藓……虽然居住区整体印象的基调不会变，但是细节会随时光而变化。

第四节　建立住宅区印象——景观设施

一、景观设施

通过对小区居民的访谈，我们发现，人们对于景观设施还停留在使用的认知层面，忽略了它的多重价值。其实，景观设施的价值远远要高于人们的想象。

景观设施风格的需求往往会受到经济、科技两方面的制约。经济的发展需要通过景观设施风格的兴起来带动。美国心理学家马斯洛提出的需求层次理论，将需求分为五种，从低到高依次是："生理上的需求、安全上的需求、情感和归属的需求、尊重的需求、自我实现的需求。"随着人们生活水平的提高，在满足基本的生活需求以后，人们提出了寻求更多的不同类型的景观风格的要求。同时，科技的发展使生产力得以发展，人们有了更多的时间。时间的充裕让人们可以更好地欣赏景观，欣赏景观甚至可以促进家庭和睦，促进邻里之间的相互关怀和相互信任。

随着时代的不断发展，景观设施越来越重要，需要的人也越来越多。据调查，居民对现在居住区的景观设施并不十分满意，但目前对如何满足居民需求还无定论。大多数景观设施的风格依然停留在对其基本功能的展现，并不能满足人们日常生活中多方面的、深层次的需求，造成室外景观风格质量不高，景观设施缺乏活力等。目前，居住区的景观设施风格还处于发展阶段，这是由于人们对景观风格的浅层理解，导致了景观风格在小区中往往杂乱无章、毫无联系，景观设施的配置仅仅是开发商对于小区价值估量的一个表面卖点，而没有真正调查、体验居民的实际需求。

（一）居住区景观规划对景观设施的影响

设施和空间的关系非常紧密，故不能单独研究景观设施，而应重视对景观设施空间的分析，这样才能更好地把握景观设施风格，从而提高居住区公共空间的可适用性。空间是物质存在的一种客观形式，通过长度、宽度、高度表现出来，不同的人对空间有不同的理解。公共空间也由于个人感受、地理位置、功能使用、小区特质的不同而呈现不同的特征。景观设施是人们获取功能或者精神满足的物品，在居住区环境中，景观设施是公共空间内容非常重要的组成部分。居住区景观规划对景观设施的影响主要有四点：

一是使用人群的局限性。居住区景观空间的使用人群通常都是本小区内的居民，较少有外来人员参与。它的特征应不同于城市公共空间，其使用人群数量相较于城市公共空间较少，两者具有较明显的共同特征，并且大多是相互熟悉的邻里。这就使得居住区的公共空间使用人群有了非常大的局限性，从而让我们能够对居住区公共空间进行有针对性的建设。如一所养老住宅小区，其设计规划的最终目的是建设有利于老年人安享生活的社区环境，其公共空间的主要使用人群是老年人，故需配置较多、较便利的健身设施、砾石小路、棋盘座椅等休闲设施，这样能够让老年人身心愉悦，充分发挥景观设施的价值。

二是进出便利的制约性。在景观设计的过程中，居住区景观空间的规划应考虑人们使用时的便利性。如居民在步行的情况下，可以以较短的时间到达目的地。可以采用分散为主，集中为辅的分布方式，对休闲设施所处的公共空间进行分配，居民下楼就可享受分散的景观风格，或在居住区较为集中的区域享受景观设施。但是，不管怎么样都要考虑公共空间的便利性，让景观设施得到更多人的认可。

三是居住区规划的主题性。居住区景观设计通常在初期就确定了各自的规划主题，一是开发商在售卖的时候为了提升小区品质，二是为了能够迎合居民对小区环境的喜好。如石家庄的“林荫大院”，这个小区的主题就是“风景院落的故事”，选择了具有代表性的“蝈蝈”作为林荫大院的主题表现。还未走进小区就已经看到绿地上一个个硕大的蝈蝈雕塑，包括在标志建筑物的墙体上也有蝈蝈雕塑，把每个人心系大院生活的情感一下子就放大了，留在心底的只有感动。可见居住区规划的主题性将影响休闲设施的建立和整体氛围，主题使景观设施的风格更加突出。

四是功能使用的差异性。不一样的使用功能，它们的空间设计也是不一样的。居住区景观设施的风格需要能够体现不一样的表象、不一样的功能，在满足居住区整体设计概念的情况下，景观设施应要强调色彩的醒目、线性的流畅，迎合居民的视觉、心理、行为的需求。景观设施的公共空间有开放、私密或半私密之分。不同的使用人群对空间的要求不同。应在欣赏社区美景的同时又能自在地表达自己的情感。如读书、休息需要私密的空间，保证环境的安静可增加内心的安定。

居住区公共空间的特征往往可以决定一个景观设施风格的好坏，是否和居民生活联系紧密。目前，中国居住区景观环境还需要设计师、开发商、社会等阶层对居住区公共空间环境进行深入的思考和研究。围绕“以人为本”的思想进行个性化设计，比对公共空间的差异性。通过风格营造形成以和谐为核心的景观文化，营造融合天与地、地与人、人与

人、人与心和谐相处的氛围，并从中寻找共趣的伙伴，融入属于自己的社交圈。

（二）居住区景观设施分类

首先应对居住区景观设施进行分类，这样才能够更好地理解和设计景观设施。最近几年，景观设施作为居住小区建设的构成要素对小区环境的影响力日益增加，并成为一个值得深入研究的专题。作为城市和居住小区发展的产物，景观设施包含的内容庞杂、功能丰富，同时又是开放的、不断发展变化的。目前，国内外根据景观设施的分类原则，得出的分类结果各有侧重、各有不同。但是，都是在进行了总结之后，进行不同的发展，迎合环境需求；并且都是围绕着功能性和精神性进行分类，从“以人为本”的角度进行斟酌。

景观设施大致可以分为：娱乐设施、休息设施、健身设施及其他辅助配套设施。这些设施分类难免会有一些服务功能重叠，但以主要服务对象为标准。如娱乐设施主要以儿童游乐为主，也会有成年人的陪同和参与；健身设施主要以老年人的健身、锻炼为主，也会有成年人的参与；辅助配套设施是对娱乐、休闲、休息设施的协助，强调设施的主要使用功能与辅助功能的相互融合，同时也更好地将景观设施风格设计的思路发挥出来，让人们看到不一样的新的景观风格。

（1）娱乐设施。主要以儿童游乐为主。居住小区是儿童活动的主要空间，娱乐设施的配置是提升居住小区儿童娱乐环境的重要手段。据调查，儿童在户外的活动率，春秋季每天为48%，夏季每天可高达90%，冬季寒冷，活动率每天依然为33%。由此可见，儿童在户外活动是他们的天性。通过对儿童的行为、心理和生理进行分析，我们可以将儿童作为景观设计的首要因素，他们的行为具有一定的不确定性，他们并不会钟情于一种娱乐设施，而是进行散乱的游玩模式，频繁地更换娱乐工具，喜欢扎堆儿取乐以及宽敞的娱乐场地，这是符合其年龄特点的行为方式，宽阔的娱乐空间和丰富多彩的娱乐设施是满足儿童娱乐设施设计的原则，如沙坑、滑梯、网跳、秋千、爬杆、绳具、爬梯等。从心理学分析，儿童对世间万物充满着好奇，他们具有一定的冒险、超越、征服的精神。合理设计儿童娱乐设施，可融合轻度的冒险游戏和智力游戏，如转盘、迷宫、游戏墙等，为儿童创造在游戏中的幻想和扮演不同角色的机会，提升孩子对事物的想象力、反应能力，同时锻炼孩子的耐性及协作能力，培养孩子进行独立判断和思考的能力，并建立社会责任感。儿童娱乐设施要考虑儿童的生理需求，按照儿童的人体特点进行设计。利用弧线和软材质增加设施的安全性，体现设施的可接近性，给予儿童各种感官的接触，如嗅觉、视觉、触觉等，儿童娱乐设施组合应结合周围环境的绿地、花草，增加娱乐场所的自然魅力，满足儿童亲近大自然、感受大自然的感官接触需求，鲜艳的色彩可增加儿童对娱乐设施的兴趣和对色彩的感知。娱乐设施也包括棋牌类娱乐、表演类娱乐等。棋牌类游戏可设置一些石桌、石凳棋盘，可以满足老年人的娱乐需求。

(2)休息设施。主要是能满足小区居民的生活，让人们可以在工作之余得到精神的释放，聊天、观赏、看书、休息和思考。人们对于景观设施风格的要求是多样的。大多数的景观设施包括观景亭、长廊、座椅等。在景观设计中也会有景观设施与其他设计形式融合的情况。如水池、矮景墙、树池等，也有一些自然的景观设施场所，宽阔的草坪、自然的石头等都可成为景观设施，并与小区环境融为一体，在建设小区环境的同时，要保证充足的景观设施，满足居民对景观风格的需求。

(3)健身设施。主要是人们进行健身和娱乐的设施，占地面积小，且人的运动幅度也不会特别大，主要是老年人及部分成年人使用。可根据小区居民的居住情况，适量地分布和安排健身设施，如广场边缘、路边休息空间、游园一角等。其设计要根据人体工程学要求，依据老年人可承受的活动强度进行制定。市场上流通的健身设施有上肢锻炼器、腹背锻炼器、扭腰器、腰腿锻炼器、呼啦盘、双人旋转轮、太极推手器等。居住小区健身设施的配置不应随意购买摆放，要融于居住小区的公共空间，要与环境协调一致，考虑小区的环境，进行景观设施的主题营造，在满足装饰的前提下，进行特别的建设。

(4)其他配套辅助设施。是除了以上景观设施以外的辅助设施。是对小区景观设施在使用过程中或者审美时的不足进行弥补的辅助设施。

阻拦设施：保障人、车的安全和便利。如栏杆具有强制性的阻拦，道牙、减速带具有警示性的阻拦等。

照明设施：如路灯的照明设施，喷泉水池灯的装饰照明设施。

服务设施：提供便利服务的设施。如公共电话、自动售货机、停车架、室外音响设备等，近两年，很多小区还设置了公共募捐设施。

卫生设施：必不可少的卫生设施是垃圾桶。

文化设施：可起到点缀作用的雕塑、浮雕、矮景墙，往往是居民的视觉中心。

标志设施：居住区主要标志设施。标志使用的色彩、造型、材质都应该考虑小区建筑的特色、景观环境和自身功能的需求，并应有统一的形象。

二、景观设施、风格、人

（一）景观设施与人的联系

更好地进行景观设施的风格搭配可以形成艺术化的生活空间。艺术化生活空间是艺术在实际的居住区的体现。生活中美好的形象是艺术家表现的主体，设计本身是一种提取的过程。过去，艺术是浮于物质生活之上的，人们在满足物质生活的基础上才会享受艺术、研究艺术。但是，随着艺术家或者学者的引导，艺术早已经从生活中被提炼出来，并为生活服务，每个人都可以进行艺术创造。

虽然每个人对艺术的理解是不一样的，但艺术与人们的生活依然联系非常紧密。景观设施体现的艺术化风格，是艺术与参与者之间产生的一种共鸣，是大众的审美追求之一。艺术化的生活空间不排斥和逃避现实，而是用一种更为积极和主动的态度投身现实，共享社会生活中产生的知识和体验，体现艺术对社会大众的开放性和包容性，更说明人在艺术化生活空间中的主动性。景观设施的风格化可在人与艺术化生活空间之间建立桥梁和媒介，社会大众通过接触景观，可以感受身边的艺术，体验艺术魅力，提高人的审美意识，并参与到艺术中。

（二）良好的景观设施使居民产生愉悦感

在现在的居住区景观中，景观设施的配置以及景观风格的建设，都会对居民的活动带来或多或少的影响，因此，注重景观设施风格建设及其相关环境的设计是打造良好住宅小区风格的有效手段，应在满足居民对不同风格的要求的同时，为居民营造更轻松、愉悦的生活氛围。最近几年，景观设施设计的艺术化、风格化研究越来越多，这也是人们精神需求的一个反映。

在城市居住小区中，景观设施的风格多种多样，有自然生态型的、有欧式豪华型的、有中国传统型的、有卡通型的，还有异域风情型的。在城市中，人们的生活水平发展到一定阶段，其对环境的需求会出现升级，从功能需求上升为精神上的需求。景观设施的风格化随着人们生活方式的改变不断趋于完善，反映了居民的生活品质，体现了现代居住区的文化精神，对于提升小区环境建设具有很重要的作用。景观设施的风格化是居住区景观设计风格化的一个部分，同时也可以让居民更好地融入到社区环境，因此，其有非常重要的作用。

（三）加强人文关怀

人文精神是人类文明发展非常重要的一个表现，集中体现了人类文明的精神。在对自我价值的认知以及肯定上，人们在不断地寻找着比生命更重要的意义。对生命意义的追求，体现着追求真理、积极进取、坚韧不拔的精神。

景观设施的存在实际上是小区建设一个必然的要求，而时代人文精神刚好符合这个特点，是景观孕育的温床。每个时代的发展都必然带来新的精神风貌，新的精神风貌必将产生新的景观形式。成功的景观设施设计是时代与人文精神的有机结合，而不仅仅充当景观与人的物质载体。现代景观设施设计中人文精神的体现，大部分通过视觉符号强化情感，最后找到共鸣。

随着城市高速发展，人们不断地忙碌，创造自己的价值，但没有太多的时间顾及身边的家人与朋友，内心孤独。人们希望借助外界的媒介，打破内心的孤独和不安，因此出现了不同的消遣形式，如旅游、泡吧等，其中一些消遣使人们与身边的亲朋好友越来越远。对居住小区景观设施人文精神的提升，将会给居民区的人们带来正能量，使居于此的人们关系更加和谐。

居住区景观设施以及景观空间都是为了给居住的人们提供服务的，应该从居民的角度进行分析，如活动类型、年龄、性别等，因此景观风格纷繁复杂。本书从人的身体的、社会的、心理的、感情的层面对人的心理活动和行为需求进行探讨，分析景观设施设计存在的问题。

1. 加强对人心理活动的分析

随着现代社会不断发展，人们对景观风格有了更多的需求，但他们对小区景观设施风格还缺乏一定的认识。人们更希望具有城市风格，但往往忽略了身边的景观空间。根据对部分小区居民的调查，大部分人对小区景观设施及景观空间的感受只停留在一些简单的基础使用设施功能上，景观空间对他们并没有什么吸引力，对景观设施的要求缺乏想法。因此，设计者应从居民对景观设施的认识开始，对居民进行引导。这需要社会、开发商、设计者的共同努力，一是引导居民认识小区景观空间的重要作用，二是引导居民将景观活动作为精神生活的一部分。当居民对景观设施有了更加深刻的认识之后，就会对景观设施提出更高的要求，这就可以促使设计师拿出更出色的作品来。

首先，居民进行日常活动往往是为了得到身体上的放松。很多人发现，参与活动、与他人在一起可以更好地减少孤独感。孤独感对各个年龄段的人来说普遍存在，社会交往、友谊、与他人接触是避免孤独感的重要途径。因此，居民对景观空间的心理需求不仅仅围绕基本的景观风格，增加一些双人或是多人共同参与的景观设施会有助于景观空间的建设和规划。

其次，要特别注意人与人之间的交流距离，应留出适当的空间范围。心理学家发现，无论是谁，他们都需要在自己的周围有一个合理的自我空间，这个空间的大小往往会由于不同的文化背景、环境、行业、个性等而不同。不同的民族在谈话时，对双方保持多远距离有不同的看法。根据美国人类学家爱德华·霍尔（Edward Twitchell Hall Jr）博士研究，有四种交往距离：公众距离、社交距离、个人距离、亲密距离，距离尺度依次减少。在景观设计时可以形成三种交往空间：开敞空间、半开敞空间和私密空间，空间范围也是依次缩小。居住小区的公共空间距离通常是非常开放的，但需要有一些私人距离，可以将环境打造成隐蔽的，以及半隐蔽和开放等多功能性空间。在小区居民进行户外活动时，应既能参与公共活动又能拥有属于自己的私密的空间领域，这些对小区的整体规划和景观设施的放置有直接影响。

最后，探讨小区居民活动的心理动机。不一样的小区，生活的人的素质是不一样的，不一样的人，他们在居住人群中，对小区的景观风格要求也是不同。以河北衡水丽景华苑小区为例，据调查，此小区销售面对的主要人群是工薪阶层，家庭收入和福利较好，但依旧以领取工资为收入来源，一般带有孩子，并有老人陪同居住。这样的人群基本上都有非常大的压力，生活虽然过得充裕，但是没有时间来放松。

2. 加强对人行为需求的探讨

小区中的居民的行为通常都是非常复杂的，所以，对居民行为的需求探讨也是非常关键的，应从不同人群的户外活动规律出发，如老年人、青年人、儿童等，通过分析他们在一定时间内的活动踪迹，了解居住小区中人的行为需求，以及人的行为需求与景观设施的关系。

（1）居住小区中老年人的活动规律。老年人的时间是所有人群中比较多的一类。在当今社会中，大家都有一个误区，认为老年人晚年生活就是吃好、喝好、没病就可以了，从而导致人们对老年人精神生活领域欠缺考虑。事实上，老年人随着身心特征的变化产生了多种需求：健康的需求、尊重的需求、交往的需求、安静的需求等，并由不同的需求产生了不同的活动。

第一，健康的需求，健康对于老年人非常重要，而且，老年人也更加关注健康。老年人会更多注重身体健康，更多参与锻炼，特别是早晨和傍晚，这是主要的活动时段。老年女性多以跳舞、秧歌、唱戏等活动为主，老年男性则以舞剑、练太极、遛鸟等活动为主。故小区中应设置必要的场地及配套座椅和遮荫植物，满足老年人基本的健康需求。第二，尊重的需求，老年人的生活阅历决定了他们的思维方式，并且因时间长久形成了他们固有的意识，因此，对老年人思想的尊重应归入必须考虑的因素，如老年人动作迟缓，在部分健身设施上贴"老人专用"提示字样，能够给予老年人更多的心理安慰，以免人多时，其他居民的等待催促对老年人造成心理压力。第三，交往的需求，人到老年交往的对象主要以居住区同龄、同阶层老年人为主，他们在与同类人的交往中寻找幸福感，如下棋、打牌、闲坐、聊天、晒太阳等。可根据人体工程学，设计更方便老年人使用的景观设施，并且在老年人使用的同时对老年人的健康做出提示，如将棋盘周围座椅的高度调低，方便老年人的使用，并贴上警示健康的标语，如请勿久坐等。第四，安静的需求，老年人对外界环境比较陌生，他们更喜欢安静的、景观视觉良好的场所，所以应对部分景观环境进行树木的隔音除噪，为老年人留出安静的空间，给他们提供舒适的生活。

(2)居住小区中青年人的活动规律。青年人大部分是上班族，他们的行为基本上都带有社会和时代的特点，如在小区内的活动非常少，也许有一些体育锻炼，但更多的时间是在户外进行社交活动。对日常生活时间，他们不能进行很好的使用和合理的安排，处于任其自然发展的状态，加之大部分小区景观设施的吸引力不高，故青年人参与小区活动的积极性不高。然而，青年人作为家庭的主干力量，对维持家庭环境和谐，营造温暖的小区环境有很大的影响，经常参与小区活动，走进身边人的生活并与亲人、邻居进行沟通，能有效增强青年人的幸福感。据新浪网新闻中心报道，在部分都市青年人中兴起一种"酷跑"徒手健身运动，这种徒手运动是靠自身的力量翻腾跳跃、越墙跳沟，身手敏捷，动作令围观者赞叹不已，在小区内"酷跑"，在青年人挑战极限的时候，可以更好地增加与邻里同龄人之间的交往，这样能够帮助他们获得满足感。

中青年人在周末的时候往往愿意带孩子进行活动，父母的陪伴对孩子来说是非常重要的，可以促进他们的健康成长，小区景观设施设计应对父母的参与、孩子的创造进行综合考虑，如设置儿童绘画墙，在小区管理者的组织下，进行绘画活动，增进小区居民家庭环境的和谐。可利用景观风格引导青年人在闲暇时陪伴老人做一些体育锻炼，从而给老年人多一点关怀。

(3)居住小区中儿童的活动规律。儿童对景观风格的需求往往多于中青年人。学龄儿童特别喜欢玩，他们正处于身心发展的重要时期，小区活动应以小群体游戏为主，将模仿、学习作为兴趣点。通常儿童对智力活动会非常感兴趣，希望参与有创造性、挑战性的活动。儿童对小区环境的使用频率较高，是小区景观设施的重要使用者。由于儿童对外界感知的欲望强烈，但认识不高，对安全感、舒适性、视觉美感等一般不敏感，更多关注活动的趣味性，所以设计者应充分把握景观设施的安全性、舒适性、视觉美感。儿童活动的主要伙伴是同龄儿童，在环境较好的场所儿童活动频率较高，他们喜好攀爬、排球、溜冰、器械游戏，对于能够移动、拼装的游戏设施更感兴趣，一些类似积木的游戏设施能激发孩子的参与感。

三、景观设施的风格要素

在景观设施的设计过程中，造型要素对于设施功能有非常大的影响。所谓“造型”，实际上指的就是在一定观念下，有目的地使用某些物质材料，通过对材质、形态、色彩等要素进行编排组合，创造视觉形象的活动。应通过对材质、形态、色彩的分析，体现造型要素中的人文精神。

（一）材质

不一样的材料在视觉上带来的效果是不一样的，材质对景观设施人性化设计有非常大的影响，其中以人为本是人文精神最主要的价值。设计者应根据不同的景观功能以及不同的景观环境选择休闲设施材料，从而给居民带来不同的视觉美感和触觉感受。目前，景观设施所使用的材料有木材、石材、金属、塑料、玻璃等，不同的材质有不同的物理特性。

（1）木材。木材取材比较方便，而且非常轻盈灵活、天然质朴，木材取自有生命的树木，材料本身就有着非常温和的色调，能让人感觉到舒适，给人亲近自然的感受，能够形成温馨的环境，优美的线条和舒适的空间使参与者能够舒心地进行交流或是绘画；同时，木材是中国传统园林经常使用的材质，在设计风格上较易形成具有中式园林风格的空间。以广场景观为例，石头与木质地板的结合，可尽显中国式园林景观的魅力。需要注意的是：木材在户外景观设施使用中，需要对材料进行防护，以免材料遭到自然的腐蚀从而减少设施的使用寿命，同时应选择对环境污染较小的材料，减少设施对环境造成的负担；在木质材料的施工过程中，要根据材料的特性，计算材料的承重和耐用程度，保证设施使用过程的安全。

（2）石材。在景观设计中，总是缺少不了石材的身影，它取材方便、坚固耐用，传递着一种坚韧的精神，保持着不随时空转换的持久感和整体感。在表达自然风格时惯用石材，可以做垃圾桶、照明装饰、音响装饰等。石头可以让设施的归属感有所增加，小区路边坐凳，石材与木材结合使用，与环境和谐共存，往往能够让居民喜欢。

（3）金属材料。金属材料也早就被应用在景观设计中，其质量轻、抗拉性好、可塑性强，因此应用非常广泛，具有较好的使用价值。但是金属材料冰冷的外表，在视觉和触觉上让人难以接受，所以应将金属材料涂以颜色，或是配以图案，或是选择亲切的题材表现，增加金属材料的可亲近感，同时增加场所的人情味。在美丽的外形下、亲切的氛围里，一定可以让可观赏性和使用率得到提升。

（二）形态

形态是物体给人的一个最为直观的外部表现形式。景观设施的外部形态实际上是和内部结构相互牵制，共同形成居住区的景观设施。形态呈现景观设施文化价值的形式有多种，如杨柳青镇复制型的形态，小区的“百福之门”。杨柳青镇拥有着丰富的民间艺术，传承了中国几千年的文化精神，“百福之门”复制福字的形态表达了人们对幸福的向往和追求，被称为杨柳青广场的“心脏”。另外，新奇的景观设施风格可以增加人们参与互动的兴趣，让人们更好地融入景观乐趣中。再如形态仿生型，仿生有着非常广泛的意义，设施的形态仿生强调对生物外部形态美感特征与人类审美需求的表现，从功能、色彩、结构上寻求设施设计的突破与创新，增加人们参与互动的兴趣。儿童对大自然有天生的好奇心，他们认为动物、花草、动漫的造型有亲和力，因此在儿童景观设施设计中可较多运用形态的仿生设计，看守小鹿斑比，非常古朴的游戏以当代的形式出现，激发孩子的想象力，使孩子在游戏中增长智慧与能力。

居住区景观设施的形态应根据居住区的风格来确定，形成独特的居住区景观风格。居住区以中式景观为设计风格的，需要体现古城地域的文化精髓，如可以放置中式座椅雕塑，借用厚重的颜色、内敛的线条以及厚实的木材，将中国的文化展现在居民的日常生活中，体现中式小区的文化氛围。

不只居住区的风格印象会影响景观设施的形态，建筑特征同样会影响设计师的想法和设计方案，影响景观设施形态。凉亭是拱门的重复，与主入口的拱门相似。从墙体立面图看，墙主要是砖墙。墙的立面高度变化与坡屋顶的角度相呼应，拱形的前院大门在矮墙上凸显出来，而高墙上的开窗式样模仿了车库上方的通风口。

（三）色彩

色彩是一座城市建设、景观规划中非常关键的一个方面，并不仅仅是简单的形式，其中包含了大的区域，甚至是整个城市的基调。居住小区景观设施的色彩设计需要系统思考与统一规划，色彩的合理运用可体现小区的环境建设水平，体现地方特色的人文素质及文化魅力，它就好像是人的面容一样，会给居民留下很深的印象。

在中式景观设计的过程中，代表中国黄土地、黄皮肤的黄颜色被广泛地应用于景观设计中。中式花格园灯具有浓郁的中国文化，中式景观居住区设计应使中国古典文化与现代文明生活衔接在一起，达到历史与潮流的融合。同样，在北京奥运会上，琉璃黄成为专用色彩。黄色在中国的色彩文化中具有最崇高的象征意义。黄色的琉璃瓦、金秋的树叶和丰收的农田是北京城市风光特有的色彩，代表着北京独特的自然景观以及人文与历史的精彩辉煌。

石家庄的燕都紫庭打造的是一个新中式园林国风大宅。燕都紫庭建有三重庭院园林——诗园、曲园、茶园，秉承了中国传统的造园理念，体现了凝重、规则、秩序和礼仪的中国风宅院，很好地传承了园林文化和人居理念。紫庭一共有九栋住宅建筑，形式较为简约，但是深棕红色和白色相间反映了传统色彩，深棕红色是中国传统色彩的代表，稳重而有内涵，与白色相间，有跳跃感，使深棕红色不那么沉闷。小区内的庭院景观设计也呼应了建筑的风格，虽然小区的设计理念是一座国风宅院，但是借用了简约的表现手法，体现了中国风。造型与建筑造型近似，主要使用直线，无论是在平面布局造型上还是在立面的景观设施造型上都以直线为设计主题。在园路设计上还运用了曲径作为整体平面布局的点缀。在一些辅助景观设施中还可以看到传统浮雕或者冰裂纹花窗。某些景观设施如景观墙、凉亭等，使用灰色钢材作为边框，为小区增加了不少现代感。运用的色彩也是建筑的色彩。景观设施的材质以木材、石材为主，充分运用了中国传统材质。设计师借鉴了中国画风格绘制效果图，虽然这属于景观设计表现技法，但是值得一提的是，界画技法将紫庭这座国风大宅的氛围感表现到了极致。

四、景观设施对文化的传承与创新

文化是一个民族、一群人的特别的记号，也是人们的价值观的体现。文化是随着人类文明发展进行的，它有着一定的历史性。“本质与形式”的问题，其根本是“传统与现代”的问题。解释历史与现实之间的微妙复杂关联，研究文化的传承与创新，是研究文化的“本质与形式”的问题，其最根本的问题是“传统与现代”的问题，体现传统与现代的复杂的关系，并把这些都融入到人们的日常生活中。景观设施是景观设计中的细节设计，而细节设计更是景观设计成功与否的关键。

（一）文化的传承

对文化的传承，不仅是对文化符号的提炼，而是更好地得出大众理解的文化语言，用以体现在景观造型物设计中。本书列举了中国的传统图形在景观设计中对文化的传承应用。

中国的传统图形是对中国历史文化的体现，其中有很多丰富的内容，起源于民间，是广大人民创造的，也是最容易让大众理解的、易接受的文化符号。在强调城市建设的文化意义的今天，传统图形在居住小区景观设计中的传承与应用，将对提升居民的精神文化生活发挥重要的作用。中国传统图形的表现手法有很多：刻、剪、雕、塑、编等，不胜枚举。

传统图形在景观设施中的应用，可以从两个层面分类：一是具象传统图形与休闲设施设计的融合；二是抽象传统图形与景观设施设计的融合。具象传统图形与景观设施设计的融合是指传统图形存在于空间、能够让人感知到形状或形态灵活地运用在景观设施设计中。通过运用特定的、明确的、性感的形象，塑造直接的、简单的、合理的景观设施形象。有的小区有带有龙形图案的景观墙，龙形图案是我国的吉祥的图案，在中国有非常好的寓意，很显然是对中国传统文化的传承。

抽象传统图形和景观设施设计的融合实际上是运用抽象的图形符号表现文化内涵和意义，并用变形或写意的几何图形、符号等作为主要变形形式。我国传统图形用于现代设计的形态包括盘长、回纹、方胜、太极、八卦、如意纹等，这种传统图形与现代设计的融合，将会使设施设计具有很强的艺术张力。如小区的座椅，不需直接用传统纹样复杂的、规律的纹样，而可以通过“提炼简洁”，很好地将传统纹样的意向表现出来，从外观上来看，给人营造一种具有文化传统的人文精神的氛围。

（二）设计创新形式

景观设施的风格设计有很多形式需要创新。许多设计师对景观设施有大胆的设计概念，对景观设施的设计有非常好的想法。如巨大的休德利钢筋板凳景观设计，这种形式的坐凳在平常的景观中难以见到，其优美的线条、巨大的造型，不禁让人眼前一亮，也必定能给人带来不一样的休息体验。又如，可以利用镜面的反射，把垃圾桶变成绿色的路边设施,这样就可以减少设施带给小区景观的杂乱。

现代艺术、技术的不断发展,给景观建设带来了巨大影响,人们的审美意识也有了非常大的改变,这使景观设施有了非常多的变化,设施设计的创新形式层出不穷,如设施的"动态"风格表达。动感作为景观设施设计的一种形式,深得人们的青睐,并可达到设施与人之间的情感交流,增加人们的审美情趣的目的。

"动态"实际上就是人们生活的节奏和心里审美的变化,也就是燃烧激情,从而更加充满活力。假如设施本身是有生命的,那么,增加设施的"动感"实际上就是在增加设施的活力。然而我们不可能给景观设施装上腿或是翅膀,我们所讨论的"动感"是相对于不动物件的动感。这种不动与动的视觉关系,鲁道夫·阿恩海姆在其著作《艺术与视知觉》中有所阐述:"在绘画与雕塑中见到的运动,与我们观看一场舞蹈和一场电影时见到的运动,是极不相同的。在画和雕塑中,我们不仅看不到物理力驱动的动作,同时也看不到物理动作造成的幻觉。我们可以从中看到的只是视觉形状向某些方向上的集聚或倾斜,这是在传递的一个事件,并不是一种存在。"

参考文献

[1] 余明阳,姜炜．城市品牌 [M]. 广州：广东经济出版社,2004.

[2] 汪曼．城市品牌叙事典例 [M]. 北京：北京首都经济贸易大学出版社,2022.

[3] 萧冰,陈昕雨．城市品牌形象 [M]. 上海：上海交通大学出版社,2019.

[4] 江平．城市品牌形象研究 [M]. 长春：吉林美术出版社,2018.

[5] 徐苒．城市品牌的受众感知及传播策略研究 [M]. 长春：吉林大学出版社,2020.

[6] 石凤玲．旅游研究前沿书系城市品牌塑造模型研究 [M]. 北京:旅游教育出版社,2022.

[7] 段轩如．视觉形象与城市品牌塑造 [M]. 济南：泰山出版社,2017.

[8] 杨一翁，王琦．数字时代下城市品牌形象定位及传播 [M]. 北京：知识产权出版社,2020.

[9] 刘仁．城市品牌视觉形象设计研究 [M]. 北京 / 西安：世界图书出版公司,2018.

[10] 江平．城市品牌形象塑造与传播研究 [M]. 武汉：武汉大学出版社,2018.

[11] 刘宝成，陈瑞琳．城市品牌设计及旅游形象提升 [M]. 长春：吉林人民出版社,2017.

[12] 陶薇．城市品牌传播研究 [M]. 北京：光明日报出版社,2015.

[13] 王勇．低碳城市与城市品牌 [M]. 成都：西南交通大学出版社,2012.

[14] 王晖．创意城市与城市品牌 [M]. 北京：中国物资出版社,2011.

[15] 李慧,李博．公众环境意识社会化与生态城市品牌塑造 [M]. 天津市：天津科学技术出版社,2016.

[16] 张金环,张伟民．城市品牌生态系统协同演化研究 [M]. 石家庄：河北人民出版社,2015.

[17] 戴元初，刘明洋．升级与突围成就卓越城市品牌 [M]. 济南：山东大学出版社,2014.

[18] 杨柳．北京城市品牌形象与影像传播研究 [M]. 北京：中国电影出版社,2014.

[19] 陈彧，刘可文．中国城市品牌突围兼论以人为本的城市品牌观 [M]．成都：四川大学出版社，2014.